¡NO TE ARRUGUES!

Dr. Ricardo Ruiz y Dr. Brian Zelickson

¡No te arrugues!

Belleza sin cirugía: las técnicas dermocosméticas más modernas y eficaces

Con la colaboración de
Ana Serrano

la esfera de los libros

Primera edición: junio de 2008

Avenida de Alfonso XIII, 1, bajos
28002 Madrid
Tel.: 91 296 02 00 • Fax: 91 296 02 06
www.esferalibros.com

ISBN: 978-84-9734-747-1
Depósito legal: M-23.672-2008
Fotocomposición: J. A. Diseño Editorial, S. L.
Fotomecánica: Unidad Editorial
Imposición y filmación: Preimpresión 2000
Impresión: Rigorma
Encuadernación: Martínez
Impreso en España-*Printed in Spain*

Índice

A mis padres, por su apoyo, honestidad y sentido común.
A mis hermanos, por estar siempre allí.
A Aline, por su entrega y complicidad.
A todos mis pacientes, por su confianza y fidelidad.
Y a mi hijo, que está en el vientre de Aline…

DR. RICARDO RUIZ

I would like to dedicate this to my loving family, my mentors
and all my patients who have graciously
helped me through the years.

DR. BRIAN ZELICKSON

Introducción

La batalla contra el envejecimiento la tenemos perdida desde el momento en que nacemos. Sin embargo, hoy la medicina ha conseguido que nuestra esperanza de vida sea mayor. Hasta el siglo XVIII las mujeres no solían vivir más allá de la menopausia. La literatura refleja este hecho. Dostoievski decía que vivir más de cuarenta años era «vulgar y de mala educación». Balzac describía en *La mujer de treinta años* la tragedia del envejecimiento en una mujer de esa edad. En los últimos ciento veinte años los sistemas de salud pública y los fármacos han contribuido a prolongar nuestras vidas en los países desarrollados, pero hasta ahora no se ha podido frenar el proceso natural de envejecimiento.

En la sociedad actual nuestro aspecto físico influye no sólo en nuestra autoestima sino también en nuestra relación con los demás. Los medios de comunicación tienen una gran parte de responsabilidad al bombardearnos con múltiples métodos de dudoso rigor científico para conseguir un aspecto más joven.

Sin embargo, hoy estamos en condiciones de afirmar que se pueden llegar a retrasar los signos físicos del envejecimiento de una forma natural. De hecho, el objetivo de este libro es definir la forma en que se puede ralentizar el envejecimiento de manera eficaz, científica y segura sin necesidad de cirugía.

Hace meses, en un debate televisivo en Estados Unidos, el público escuchaba indiferente los efectos nocivos del tabaco en los pulmones y en las arterias coronarias, hasta que un dermatólogo que participaba en el programa afirmó que el tabaco aumentaba las arrugas, dato que definitivamente sobresaltó y convenció a la audiencia de los peligros de la nicotina.

La sociedad tiende a confundir lo bueno con lo bello. Tanto es así que cuando contamos un cuento a un niño, por lo general identificamos al príncipe o a la princesa con los seres más guapos mientras que damos por sentado que el villano es feo. Por otro lado existen estudios que demuestran que una mujer guapa tiene más facilidad para encontrar trabajo, e incluso ganar un sueldo más alto que otras poco agraciadas físicamente.

Al hablar de belleza no nos referimos estrictamente a los rasgos físicos de la persona sino a la impresión que deja en nosotros y que es resultado de un conjunto cuidado y armonioso. Y esta belleza en muchos casos está asociada con la juventud.

A medida que las expectativas de vida van aumentando, queremos mantenernos jóvenes el mayor tiempo posible. Los métodos disponibles en el mercado para conseguirlo son múltiples, pero de dudosa eficacia. En primer lugar las cremas «antiedad» tienen una eficacia limitada. En relación al ejercicio parece que estudios recientes señalan que el ejercicio aeróbico puede ayudar a envejecer más lentamente. Sin embargo, Oscar Wilde decía que el único deporte que hacía era acudir a los entierros de sus amigos deportistas. Faltan pruebas que confirmen que el consumo de antioxidantes prevenga el envejecimiento. Está claro que envejecemos porque nos oxidamos, pero no lo está que tomando antioxidantes envejezcamos más lentamente.

La cuestión es: ¿qué podemos hacer para retrasar los signos físicos del envejecimiento sin pasar por el quirófano? En este libro vamos a analizar las causas del envejecimiento cutáneo, repasaremos las técnicas de las que disponemos los médicos en la actualidad para prevenir y tratar los signos de envejecimiento, valoraremos la verdadera eficacia de las cremas, la dieta o el ejercicio en su prevención, y destruiremos una serie de mitos existentes en los tratamientos antiedad.

En muchas ocasiones, la utilización de técnicas no quirúrgicas puede retrasar la aparición de los signos de la edad. Pequeñas intervenciones para suavizar las arrugas de expresión mediante la toxina botulínica, eliminar una «mancha solar» o un angioma mediante láser, o hacer desaparecer una cicatriz pueden ayudar a muchas personas a mejorar su calidad de vida y a sentirse más seguros en su relación con los demás.

Para llevar a cabo esta tarea con éxito es imprescindible una buena comunicación con el médico, para que él sepa cuáles son las motivaciones que mueven al paciente a mejorar su aspecto y el paciente conozca lo que realmente puede conseguir. La transparencia en la relación médico-paciente es imprescindible para que no se creen expectativas no realistas sobre lo que la dermatología cosmética puede lograr.

Los dermatólogos debemos ayudar a hombres y mujeres a envejecer con discreción, reivindicando el paso de los años con elegancia y serenidad, sin renunciar por ello a las pequeñas mejoras que proporcionan las técnicas más vanguardistas ya contrastadas en la comunidad científica internacional, cuya práctica entraña pocos riesgos y resultados naturales. La nueva era demanda retoques discretos capaces de borrar sutilmente las arrugas, reafirmar los tejidos y eliminar el aspecto cansado con técnicas seguras y eficaces que permitan la rápida incorporación a la vida social y laboral del paciente.

En este libro vamos a hablar mucho de prevención, pues ésta constituye la mejor arma antiedad. Destacaremos el papel de la protección solar para prevenir el envejecimiento prematuro, evaluaremos el papel de la dieta y los cosméticos en el rejuvenecimiento, repasaremos la función preventiva que pueden tener las técnicas de dermatología cosmética como los láseres o el bótox y el ácido hialurónico, y comentaremos cuál es el futuro cercano de todas estas técnicas.

Decía Jung que la vida no vivida es una enfermedad de la que se puede morir, y Sanchez Dragó destacaba en cierta ocasión que el mejor colágeno es el de la vida vivida. Por ello no hay que olvidar que lo realmente importante no es quitar arrugas a la vida, sino poner vida a las arrugas.

DR. RICARDO RUIZ RODRÍGUEZ

Capítulo I

¿EXISTE UNA MEDICINA ANTIENVEJECIMIENTO?

La belleza es promesa de felicidad.
STENDHAL

En los últimos años la humanidad ha recibido una vida extra, de quince a veinte años suplementarios. Hay que tener en cuenta que hoy el 90 por ciento de las mujeres llegan a los 80 años y, de los bebés que nacen en la actualidad, uno de cada dos llegará a los 100 años. Pero ¿quién quiere cumplir el siglo de vida si ello conlleva un deterioro físico y/o mental? No se trata de «durar más», sino de «vivir mejor».

La genética es fundamental para tener una larga vida. Se dice que para llegar a ser longevo hay que tener familiares que también lo sean, además de ganas de vivir y buena suerte. A pesar de que es cierto que no podemos actuar sobre nuestra herencia genética, sí podemos controlar nuestro modo de vida, nuestra alimentación, nuestro físico, cómo manejamos el estrés, el sueño, etcétera. Ése es precisamente el objetivo de los tratamientos *antiaging*: estudiar todos los factores que intervienen en el proceso de envejecimiento para controlarlos, amortiguarlos o detenerlos de una forma personalizada, dado que no todos envejecemos de la misma manera.

¿MEDICINA *ANTIAGING* O CHEQUEO?

El término *antiaging* o «medicina antienvejecimiento» puede inducir a error, ya que parece que se trata de una disciplina específica, igual que la cardiología o dermatología, que tiene unos protocolos específicos y que aporta algo realmente nuevo a la ciencia médica.

Sin embargo, probablemente, el *antiaging* es más una demanda social que una verdadera ciencia médica. Realmente su objetivo sería aplicar el sentido común y los conocimientos médicos que actualmente se tienen sobre los factores que pueden hacernos envejecer mejor: alimentación adecuada, ejercicio físico, evitar el estrés y el tabaco y realizar los controles médicos adecuados. En este sentido el diagnóstico precoz de las enfermedades silentes es el pilar más importante de la medicina *antiaging*. Entre ellas destacan las cardiovasculares (enfermedad coronaria), las neurológicas y las tumorales.

¿FUNCIONAN LAS HORMONAS DE LA JUVENTUD?

Los medios de comunicación nos bombardean constantemente con múltiples remedios para retrasar el envejecimiento, como la toma de antioxidantes, suplementos vitamínicos, hormonas de la juventud, etcétera. Lo cierto es que, según afirmó el doctor Sreekumaran Nair, jefe del servicio de Endocrinología de la Clínica Mayo de Rochester (Minnesota), en un reciente congreso sobre «Avances científicos sobre la prevención y tratamiento del envejecimiento» celebrado en la Fundación Ramón Areces en enero de 2008: «Las únicas estrategias eficaces para frenar el envejecimiento, demostradas científicamente, son el ejercicio aeróbico y la restricción calórica». El doctor Nair apostó por el estilo de vida saludable para preservar la juventud. De hecho, recientemente ha publicado un artículo en *The New England Journal of Medicine* donde analizaba el efecto de las llamadas «hormonas de la juventud» (la hormona del crecimiento, la dehidroepiandrosterona y la testosterona) y concluyó que «no producían ningún efecto rejuvenecedor a pesar de que mantuvimos en las personas objeto de estudio los niveles de una persona joven». Además destacó el efecto nocivo que estas hormonas pueden tener en nuestro organismo si las tomamos de forma continuada. También señaló el doctor Nair que los mejores antioxidantes «son los que provienen de los alimentos, siendo la dieta mediterránea la más indicada para mantener el buen estado de salud». Asimismo, comentó que se está investigando sobre los mecanismos moleculares mediante los cuales el ejercicio retrasa y puede revertir el envejecimiento, para poder diseñar fármacos que puedan activar dichos mecanismos.

DIETA Y ANTIOXIDANTES

Dieta, en griego, significa «arte de vivir». Una alimentación mediterránea (que se basa en la ingesta de frutas y hortalizas, aceite de oliva y pescado) es la base de la dieta *antiaging*, aunque luego hay frutas o verduras que se promocionan más dentro de este tipo de medicina. En personas sanas, una dieta equilibrada contiene las cantidades suficientes de vitaminas que necesita el organismo, por lo que no resulta necesario tomar suplementos. Sin embargo, éste es un tema controvertido y, en todo caso, no debe hacerse sin control de personal médico cualificado.

En la actualidad los antioxidantes utilizados en la medicina *antiaging* los podemos identificar en varios grupos: vitaminas (A, E, C), minerales (selenio), coenzima-Q y licopeno. Respecto al beneficio del aporte de antioxidantes de forma natural, a través de una dieta equilibrada, no hay ninguna controversia. En la experiencia de investigadores como el doctor José Sabán, especialista en estrés oxidativo del Hospital Universitario Ramón y Cajal, hay una correlación entre los niveles de antioxidantes circulantes, aportados por vía alimentaria, y una respuesta a la isquemia de la microcirculación cutánea, lo que nos habla de que es posible influir en la nutrición de la piel a partir de los nutrientes de la dieta. Ocurre lo mismo con los ácidos grasos Omega-3: numerosos estudios recomiendan los que proceden de alimentos, sobre todo los del pescado azul.

Es importante destacar que en ocasiones la toma no controlada de estos suplementos vitamínicos puede producir importantes problemas médicos. Una toma no controlada de vitamina E puede provocar alteraciones de coagulación y múltiples interacciones con otros medicamentos. Un reciente estudio publicado en 2007 en la revista americana *JAMA* (revista de la Asociación Médica Americana) ha despertado la alarma sobre el riesgo del empleo de antioxidantes como suplementos en sujetos con alto riesgo cardiovascular. En este estudio se demostró que la vitamina A, vitamina E y beta-caroteno se asociaban con un aumento de la mortalidad. Por ello es fundamental no considerar estos suplementos como algo inocuo y «natural» (la cicuta también es «natural»), sino como productos que requieren un control médico.

EJERCICIO PARA ENVEJECER BIEN

«Haría cualquier cosa por mantenerme joven, excepto hacer ejercicio, levantarme temprano o ser respetable...», afirmaba irónicamente Oscar Wilde. Sin embargo, investigadores como el doctor José Sabán aseguran que la capacidad física, que mejora a medida que se incrementa la práctica de deporte, es una ayuda extraordinaria para envejecer bien (no sólo a nivel muscular, sino también psicológico), y en ese sentido el ejercicio tiene una importancia superior incluso a la dieta (siempre que se siga una ingesta equilibrada y no se padezca sobrepeso). Pero pasear no es suficiente; hay que caminar a diario de forma rápida y enérgica; cuanto más tiempo, mejor. El gimnasio es aconsejable pero no imprescindible. Es importante acostumbrarse a no usar el coche, el ascensor y las escaleras mecánicas más de lo estrictamente necesario. Estas instalaciones están pensadas para incapacitados y sujetos que llevan una carga, no para sujetos sanos, y mucho menos para los adolescentes. Por otra parte se ha demostrado recientemente que es muy aconsejable incluir estiramientos y ejercicios de fuerza ligera (pesas de pocos kilos) guiados, siempre que sea posible, por especialistas. En contra de lo que se pensaba, no es cierto que el ejercicio, tanto aeróbico como anaeróbico, deba durar un mínimo de treinta minutos. Hoy sabemos que periodos de diez minutos pueden ser beneficiosos si se repiten varias veces al día. Esto parece una obviedad, pero hasta ahora no se había demostrado su beneficio. Por otra parte, en personas de edad habría que introducir ejercicios de «equilibrio» para disminuir el número de caídas.

SOL Y TABACO

Los dos agentes que más nos envejecen externa e internamente son el sol y el tabaco respectivamente, por ello insistimos en este libro en que el mejor cosmético es una buena crema de protección solar. Con respecto al consumo de tabaco, no sólo produce enfermedad cardiovascular y determinados cánceres sino que además influye de forma negativa en la piel, en el metabolismo (resistencia a la insulina) y en el envejecimiento celular de prácticamente todos los tejidos del organismo.

NUESTRA ACTITUD FRENTE AL ENVEJECIMIENTO

Como dijo Martin Held, «todo el mundo quiere llegar a viejo pero nadie quiere serlo». Hoy la vejez ha perdido gran parte de la valoración social que tenía en otras épocas. Ese prestigio, basado en la experiencia y el respeto, ha dejado de considerarse como algo positivo. En el siglo XXI, superar la barrera de los 65 años implica dejar de ser un sujeto productivo, cuya experiencia no es tenida en cuenta ni valorada por las nuevas generaciones. Es un hecho que nuestra sociedad no valora el envejecer como una oportunidad de continuar creciendo sino más bien al contrario. Además, las nuevas tecnologías hacen que la distancia entre los mayores y los jóvenes aumente más. Los datos son estremecedores. Casi el 50 por ciento de los mayores de 75 años tienen depresión.

Tal y como decía Julián de Ajuriaguerra, «se envejece como se vive». Por ello nuestra calidad de vida en la vejez será una acumulación de los hábitos, experiencias, actitudes y relaciones que hemos cultivado durante toda nuestra vida. Si una persona a los 40 años dedica tres días por semana treinta minutos a hacer deporte, cuando tenga 70 años se encontrará mejor que una persona que considera el deporte una pérdida de tiempo. No hay frase más elocuente que la del pianista Eubie Blake el día de su centenario: «Si hubiera sabido que iba a vivir tanto, me habría cuidado más».

CONCLUSIÓN

Envejecer bien no es algo casual que ocurre por accidente. No está totalmente dirigido por nuestros genes. Numerosos estudios demuestran que las personas con una actitud positiva y realista envejecen mejor. Un envejecimiento sano requiere unos hábitos y un modo de vida basados en una adecuada alimentación, ejercicio moderado, evitar el tabaco, tener una actividad social adecuada y realizar unos controles médicos preventivos sistemáticos. Con todo ello no vamos a conseguir la inmortalidad pero sí vamos a tener una longevidad satisfactoria.

SEIS CONSEJOS PARA ENVEJECER MEJOR

- Realizar ejercicio aeróbico y estiramientos.
- Seguir una dieta mediterránea basada en frutas, verduras, pescado y aceite de oliva.
- Mantener el peso adecuado.
- No fumar.
- Realizar las revisiones médicas preventivas adecuadas.
- Tener ganas de vivir: leer, relacionarse, tener inquietudes y *hobbies*.

Capítulo II

BELLEZA Y ÉXITO: EL CANON ACTUAL

La belleza es muy superior al genio. No necesita explicación.
OSCAR WILDE

La belleza se opone a la idea de que todos tenemos las mismas oportunidades al nacer. Parece demostrado que las personas bellas tienen más facilidades en la vida que las no bellas. Existen estudios que demuestran que quienes son atractivos encuentran trabajo con mayor facilidad, sus sueldos son más elevados, tienen menos dificultades para encontrar pareja e, incluso, el médico les dedica más tiempo en su consulta. En resumen, las personas atractivas inducen respuestas positivas y existe una peligrosa y en ocasiones angustiosa relación entre la belleza y el éxito.

Por lo tanto, y aunque sea injusto (ya que no tiene ningún mérito), la gente bella tiene una enorme ventaja en la vida, sobre todo en situaciones en las que una primera impresión resulta decisiva. Y sabemos que «sólo tenemos una oportunidad de causar una primera buena impresión».

¿LA BELLEZA ESTÁ EN EL OJO DE QUIEN OBSERVA?

Pero ¿existen realmente unos cánones eternos de belleza o ésta depende de los criterios de la época? Hay personas que defienden que está en el ojo de quien la observa, y los cánones de belleza varían en función de las distintas culturas y de la época que nos ha tocado vivir.

Por ejemplo, Rubens se quedaría perplejo si asistiera a la pasarela Cibeles. Es cierto que en épocas de pobreza las personas no delgadas se consideran más atractivas. Hoy la delgadez se asocia a la elegancia según muchos diseñadores de moda. En Nueva York se dice que «una no es nunca lo suficientemente delgada ni lo suficientemente rica». A pesar de esto, cuando contemplamos un cuadro de Rubens observamos mujeres que hoy podríamos considerar obesas, y sin embargo podemos detectar la sensualidad y la armonía de esos cuerpos femeninos.

El concepto de belleza es diferente según las culturas. Por ejemplo, en la cultura maya tener estrabismo se consideraba bello. Por ello, las madres ponían jarras delante de las narices de los niños para provocar ese defecto. En Birmania las mujeres de Kayan colocan a las niñas de 5 años aros metálicos alrededor del cuello para estilizarlo. De ahí que se las llame «mujeres jirafa». En determinadas zonas de África la «escarificación» (un término que proviene de la palabra inglesa *scar*, que significa cicatriz) significa que una mujer está preparada para el matrimonio. Estas mujeres africanas se realizan cicatrices en el torso y el pecho para parecer más atractivas. Para dar más ejemplos no hay que irse muy lejos, ya que en nuestra cultura muchas personas consideran los tatuajes y el *piercing* como adornos para estar más atractivo.

Incluso en el cine se pueden observar cambios en el gusto estético en función del tiempo en que vivimos. En épocas de crisis los rasgos «duros» se ponen de moda, como es el caso de Marlene Dietrich, y en tiempos de bonanza económica son más interesantes las caras más femeninas, como la de Audrey Hepburn.

¿LOS CÁNONES DE BELLEZA SON ETERNOS?

Está claro que los gustos y las modas cambian en función de las distintas culturas y de la época en que vivimos. Sin embargo, existe una serie de criterios estables y eternos de belleza. Cuando uno contempla la estatua de Nefertiti (que significa «la hermosa ha llegado») o las *Majas* de Goya, probablemente tiene la misma sensación que las personas que las contemplaron siglos atrás.

Estamos programados biológicamente para sentirnos atraídos por lo bello. Nuestro sentido estético se encuentra profundamente arraigado en nuestros genes. Hay estudios que demuestran que un recién nacido, que todavía no ha sido influenciado por la sociedad que le rodea, mantiene la mirada durante más tiempo ante una persona atractiva que ante una persona que no lo es. Y también se ha comprobado que hombres y mujeres de culturas y razas diferentes valoran la belleza de una forma similar.

¿Cuáles son esos criterios generales o comunes de belleza? Investigaciones recientes demuestran que personas de distintas culturas y épocas tienen una idea similar de un rostro atractivo. Puesto que parece demostrado que la belleza está relacionada en cierto modo con el éxito y con el poder económico, debemos identificar los ingredientes comunes de todo rostro atractivo. De esta forma, los dermatólogos y cirujanos plásticos podremos, con las técnicas disponibles, ayudar a nuestros pacientes a mejorar su aspecto.

INGREDIENTES DE LA BELLEZA
▪ Simetría y proporción. ▪ Juventud. ▪ Piel lisa y sin manchas. ▪ Acercarse al término medio.

Simetría y proporción

La investigación moderna sugiere que las personas cuyos rasgos faciales son simétricos y poseen la proporción correcta son más atractivas que aquellas cuyos rasgos no lo son. Esta teoría viene de los filósofos griegos, que relacionaban las matemáticas con la belleza. Los principios fundamentales de la arquitectura griega clásica eran la simetría, el ritmo y la proporción.

Es conocida la «proporción áurea» de Platón: «El ancho de la cara debe ser dos tercios del largo, y la nariz no mayor que la distancia entre el centro de los ojos». En la puerta de la Academia ateniense fundada por Platón existía una inscripción con una frase que decía: «No entre aquí quien no sepa geometría», lo que demuestra el valor que daban en la Grecia clásica a la simetría y a la armonía, vinculando las matemáticas con la belleza.

Hoy existen técnicas quirúrgicas y no quirúrgicas para conseguir esta simetría y proporción. Por ejemplo, entre las técnicas no agresivas contamos con el bótox para conseguir simetrías faciales al relajar los músculos, que son los causantes de una sonrisa asimétrica o de una ceja más elevada. De hecho, actualmente el bótox es el tratamiento más elegido para corregir asimetrías faciales secundarias a parálisis faciales. También contamos con rellenos de ácido hialurónico, que consiguen corregir de una forma rápida narices o bocas asimétricas, o determinadas sombras o depresiones de la cara que pueden alterar las proporciones armónicas de la misma.

Juventud

La belleza siempre se ha relacionado con la juventud. Hoy es una tendencia muy extendida: antes las hijas se querían parecer a sus madres, y hoy algunas madres se quieren parecer a sus hijas. Las mujeres de 40 años quieren aparentar 20. Basta observar la cantidad de mujeres jóvenes que aparecen en las revistas femeninas.

Es interesante el hecho de que en el rostro de una mujer bella descubramos características infantiles. Los rasgos infantiles que se consideran más atractivos en una mujer son: frente amplia, elementos de la cara (ojos, nariz, boca...) en los dos tercios inferiores de la misma, ojos grandes, nariz pequeña, mejillas prominentes, mentón pequeño, etc.

Los hombres, tanto heterosexuales como homosexuales, valoran más la juventud que la madurez en sus parejas. Curiosamente el hombre a partir de los 35 años empieza a idealizar a las mujeres jóvenes. En segundas nupcias las esposas son una media de cinco a seis años más jóvenes, y en terceras nupcias de ocho a nueve años más jóvenes. Quizá esa atracción tenga un fundamento biológico. Determinados biólogos evolutivos basan esa atracción del hombre por la juventud femenina en la fertilidad, en la tendencia genética de propagar la especie. Los hombres nos sentimos biológicamente atraídos hacia mujeres que nos pueden dar hijos, que sean fértiles, y biológicamente la fertilidad está muy ligada a la juventud en la mujer. Según determinados estudios evolutivos, las mujeres no dan tanto valor a la juventud en un hombre, ya que éste puede ser «fértil» incluso en la madurez.

Con las técnicas de las que disponemos en dermatología estética no debemos obsesionarnos con conseguir una cara más joven, sino una cara más relajada, es decir, tener «mejor cara», conservando los gestos de la paciente. Es importante este punto, ya que no es armónico conseguir una frente lisa cuando la boca está arrugada, o tener una cara sin arrugas cuando el cuello y las manos están muy envejecidos. Por ello es importante no olvidar la armonía entre las distintas partes del cuerpo, y no pretender que una mujer de 60 años aparente 40, sino su edad pero con un aspecto muy saludable.

Piel lisa y sin manchas

Una piel con manchas o sombras producidas por cicatrices da un aspecto no estético a nuestra cara. De ahí el éxito del maquillaje, que consigue alisar e iluminar el aspecto de la piel eliminando sombras y manchas antiestéticas. Contemplando cuadros o esculturas de distintas épocas podemos observar que las caras «inmaculadas» son una constante cuando se quiere presentar un rostro bello.

Cuando un paciente llega a nuestra consulta porque quiere mejorar su aspecto físico, lo primero que le proponemos es quitarle las manchas y «alisarle» la piel con las distintas técnicas de láser. De una manera rápida se puede lograr una mejoría enorme al conseguir una mayor luminosidad en la piel.

Acercarse al término medio

Parece que los investigadores están de acuerdo en que los rostros, cuanto más cerca estén del término medio, más atractivos son. Por ejemplo, si «mezclamos» los rasgos de dos caras humanas el resultado es una cara «intermedia» entre los dos originales. Esto se puede realizar con determinados programas informáticos, como el Morpher 3.0, que fusiona los rasgos de distintas caras dando como resultado «caras promedio». Y se ha comprobado que esas «caras promedio» son más atractivas.

En el año 2002 tuvo lugar en Alemania un concurso de belleza donde se eligió a Miss Berlín como la mujer más atractiva. Sin embargo, posteriormente se realizó un estudio comparando a Miss Berlín con la «cara promedio» resultante de la fusión de las caras del resto de las concursantes. Es decir, con el programa informático mencionado se «fusionaron» las caras de todas las mujeres que no ganaron el concurso de belleza, y el resultado virtual, la cara que se obtuvo como media de todas las demás, fue muy atractiva. Se realizó una encuesta a cuarenta y siete personas para saber si preferían el rostro de la ganadora o el rostro «promedio» de las demás y —sorprendentemente— ¡los 47 votaron a favor de la imagen virtual!

Esto podría justificar por qué las personas mulatas o con padres de distintas razas pueden resultar tan atractivas. Sin embargo, lo que parece también claro es que los rostros muy bellos no suelen acercarse al término medio, sino que tienen algo más.

En dermatología cosmética intentamos conseguir con bótox, rellenos, láseres y radiofrecuencia que los rasgos de la cara no se desvíen de la media, que se acerquen al término medio, para conseguir una mayor naturalidad en los resultados.

¿ES UNA ENFERMEDAD NO SER BELLO?

Por lo dicho anteriormente, parece que no es cierta esa frase de que «La belleza reside en el corazón de quien la observa», sino que existen una serie de criterios eternos que hacen que nos sintamos atraídos hacia un rostro. Aunque nuestro criterio estético está influido por la sociedad en que vivimos, lo que explica los distintos gustos y modas, existen una serie de patrones constantes que hacen que definamos a una persona como bella, independientemente de la cultura o el tiempo en que vivamos.

Nuestra época es muy especial en relación a la belleza. En primer lugar, nunca hemos estado tan rodeados de personas «atractivas»: la televisión, las revistas, el cine, etc., hacen que estemos en permanente contacto con personas «bellas». Por otro lado, nuestra sociedad valora como nunca a las personas hermosas. Existe una identificación social peligrosa entre belleza y éxito. Muchas niñas, de mayores quieren ser modelos, en vez de enfermeras, deportistas o abogadas. Hoy, por desgracia, la ausencia de belleza casi se ha convertido en una enfermedad. Los dermatólogos debemos intentar imponer el sentido común ante esta posible fuente de estrés e infelicidad para muchos.

¿La valoración de la belleza es algo reciente?

Vivimos una época en la que existe un importante culto a la belleza. Pero si analizamos la historia comprobamos que en el mundo occidental las mujeres sufrían enormemente hasta apenas poder respirar para entrar en determinados vestidos o corsés, se usaban espesos maquillajes, pelucas incómodas, etc. Y si analizamos otras culturas observamos prácticas muy agresivas de introducción de platos en los labios, aros en el cuello para estirarlo, cicatrices corporales, etc., que hacen que las técnicas que utilizamos en dermatología estética no sólo sean más humanas, sino menos agresivas y, sobre todo, más seguras.

Sin embargo, sí hay dos aspectos que han cambiado en relación al culto a la belleza actual:

- Su acceso se ha generalizado, dejando de ser algo exclusivo de la élite de la sociedad.
- Por primera vez usamos técnicas que consiguen que nos acerquemos a los ideales de belleza de una forma segura y efectiva.

En resumen, parece demostrado que la belleza y la juventud van ligadas al éxito y al poder económico. En ese sentido nuestro papel como médicos es ayudar a nuestros pacientes a conseguir una expresión más natural y saludable. Hoy, la nueva era demanda retoques discretos y envejecer con serenidad, por lo que la dermatología cosmética se ha convertido en una ciencia y un arte.

CARACTERÍSTICAS DE UNA CARA FEMENINA BELLA
▪ Piel inmaculada, blanca y sin sombras. ▪ Predominio de convexidades (no sombras). ▪ Forma de la cara de óvalo estrecho. ▪ Elementos de la cara en tercio inferior. ▪ Poca grasa. ▪ Labios carnosos y simétricos (el superior tiene que tener 1/3 del tamaño de los dos y el inferior 2/3). ▪ Cejas no muy pobladas y en forma de arco. ▪ Pestañas largas y párpados finos. ▪ Pómulos visibles y elevados. ▪ Ojos grandes y separados. ▪ Nariz estrecha.
CARACTERÍSTICAS DE UNA CARA MASCULINA BELLA
▪ Piel más oscura. ▪ Predominio de convexidades (no sombras). ▪ Forma de la cara de óvalo estrecho. ▪ La mitad superior de la cara debe ser más ancha que la inferior. ▪ Poca grasa. ▪ Labios carnosos y simétricos (el superior tiene que tener 1/3 del tamaño de los dos y el inferior 2/3). ▪ Cejas oscuras y rectas. ▪ Pestañas largas y oscuras y párpados finos. ▪ Pómulos visibles y elevados. ▪ Mandíbula prominente.

Capítulo III

LA PIEL: UN ÓRGANO MUY ACTIVO

Lo más profundo del hombre es su piel.
PAUL VALÉRY

La piel no es únicamente el envoltorio que nos recubre, sino un órgano muy activo que influye en el equilibrio corporal. De hecho, la piel es tan importante para el ser humano que si dañamos o perdemos una parte considerable de ella, como en ocasiones ocurre en pacientes con grandes quemaduras, la persona no puede sobrevivir.

Es, además, nuestra mejor tarjeta de visita al transmitir todo lo que pasa en nuestro interior, desde reflejar el cansancio provocado por una mala noche hasta poner de manifiesto una mala alimentación, nerviosismo o dolor.

Por otra parte, muchas enfermedades internas se manifiestan a través de la piel y, de hecho, en ocasiones el diagnóstico se hace en base a esas lesiones cutáneas. Decimos que la dermatología es la cara externa de la medicina interna.

Por ello vamos a dar algunas nociones sobre su estructura, componentes y funciones.

¿SABÍAS QUE...?

- La piel es el órgano más externo y extenso del cuerpo humano.
- Su espesor varía entre 1,5 y 4 mm. La piel más fina es la de los párpados y la más gruesa la de los talones.
- Su peso es de unos 3-4 kilos, lo que equivale al 6 por ciento del total del peso corporal.
- Su superficie es de aproximadamente 2 m^2.
- Una persona tiene 2,5 millones de glándulas sudoríparas encargadas de regular la temperatura corporal.
- La piel se está renovando constantemente. Las nuevas células surgen de las capas más profundas y «migran» hasta la superficie en un ciclo que dura alrededor de veintiocho días.

LAS FUNCIONES DE LA PIEL

La piel nos preserva de las agresiones del mundo exterior. Nos protege frente a erosiones, fricciones, rayos ultravioletas, algunos microorganismos, etc. Además, a través de las glándulas sudoríparas (una media de 2,5 millones distribuidas por todo el cuerpo) se regula la temperatura corporal.

También tiene funciones sensoriales. Mediante la presencia de terminaciones nerviosas independientes y de receptores especiales, posibilita la percepción y localización de estímulos mecánicos como la presión, el roce y la vibración, así como también dolor y temperatura. Por lo tanto, nos aporta una valiosa información acerca de la realidad, sin la cual no podría tener lugar el proceso de desarrollo del ser humano. Un bebé, en los primeros momentos de vida, aun sin haber abierto los ojos ya siente el amor y protección de sus padres a través del tacto. Y es necesario este estímulo para su normal desarrollo, tanto intelectual como afectivo.

Es, además, una pieza fundamental en la producción de la vitamina D, que, a su vez, es necesaria para la correcta formación del hueso: el precursor de dicha vitamina necesita de la luz solar en la piel para transformarse en vitamina D. De hecho, en regiones septentrionales de países como Noruega o Finlandia, donde durante varios meses al año apenas hay horas de luz solar, a los niños, en las escuelas, se les hace tomar el sol para prevenir el raquitismo. Pero cinco minutos de sol al día son suficientes para sintetizar toda la vitamina D que necesitamos.

Finalmente, cabe agregar que la piel, al almacenar tejido adiposo (grasa) en la hipodermis (capa más profunda), cumple una función aislante y modeladora, además de servir como fuente de energía al organismo.

LAS CAPAS DE LA PIEL

La piel se divide en tres capas, cada una de ellas con unas funciones muy precisas:

Epidermis

Capa externa, única en contacto con el exterior y que proporciona la primera protección: protege de la pérdida de agua, del sol, del calor y frío y de los traumatismos. Tiene un grosor de 0,4 a 1,5 mm y está formada por cinco capas. A nivel medio de la epidermis se segrega una barrera lipídica que disminuye el crecimiento bacteriano, retiene el agua propia y evita el paso de sustancias desde el exterior.

Se trata, pues, de la capa más superficial, y en ella podemos encontrar varios tipos de células con un cometido muy preciso:

- *Queratinocitos*: son las células más numerosas de la epidermis (representan aproximadamente el 80 por ciento del total). Se producen en la capa inferior de la epidermis (capa basal) y migran a las capas más externas. Esta migración dura alrededor de dos semanas, hasta que estas células alcanzan la capa más externa de la epidermis (capa córnea). La capa córnea se compone de queratinocitos muertos que actúan como capa «barrera» y es especialmente gruesa en zonas como las palmas de las manos y las plantas de los pies.
- *Melanocitos*: su función principal es la producción de melanina, el pigmento responsable del bronceado y que por tanto contribuye a protegernos de la radiación solar. Esta radiación acelera el fotoenvejecimiento y la aparición de lesiones cutáneas, algunas de ellas cancerosas. De ahí la importancia de la acción de la melanina. La densidad de los melanocitos es variable según la zona corporal, pero su número es el mismo en todas las razas. Así, el color de piel va a depender de la actividad de los

melanocitos y no de su número. Por eso, no es que las personas de raza negra tengan más melanocitos que las de raza blanca, sino que los tienen más activos. Por otra parte, lo que determina la variabilidad de respuesta a la luz solar y, por lo tanto, la sensibilidad de la piel al sol es el tipo de melanina que sintetizan los melanocitos.
Las personas pelirrojas tienen una melanina, denominada pheomelanina, que protege mal frente a la radiación solar y hace que estas personas tengan más tendencia a padecer cáncer de piel y al envejecimiento prematuro, mientras que las de piel más oscura poseen una melanina de mejor «calidad», llamada eumelanina, que es mucho más eficaz reparando el daño producido por el sol, además de tener un papel protector frente a la quemadura, al actuar como un primer filtro natural y producir un suave bronceado.
El mecanismo de acción del bronceado es el siguiente: los melanocitos sintetizan melanina y la distribuyen entre los queratinocitos (células de la epidermis) para dar el tono de piel. Su producción se estimula mediante la exposición solar, dando lugar al bronceado. Esto podría hacer pensar que una piel bronceada protege frente al fotoenvejecimiento y las lesiones cutáneas, pero no es así, puesto que los rayos penetran hasta las capas más profundas de la piel destruyendo las fibras de colágeno y elastina responsables de su elasticidad. Por lo tanto, aunque las quemaduras no aparezcan, el bronceado provoca un envejecimiento prematuro. Única-

mente la pigmentación constitucional (desde el nacimiento) protege del fotoenvejecimiento.

- *Célula de Merkel*: son células receptoras responsables del sentido del tacto.
- *Célula de Langerhans*: son células que forman parte del sistema inmune («las defensas»). Por ello es fundamental destacar que la piel es un componente importante de nuestro sistema inmune, es decir, de nuestras defensas frente a distintos agentes externos como bacterias, virus, hongos y sustancias tóxicas. Estas células están impli-

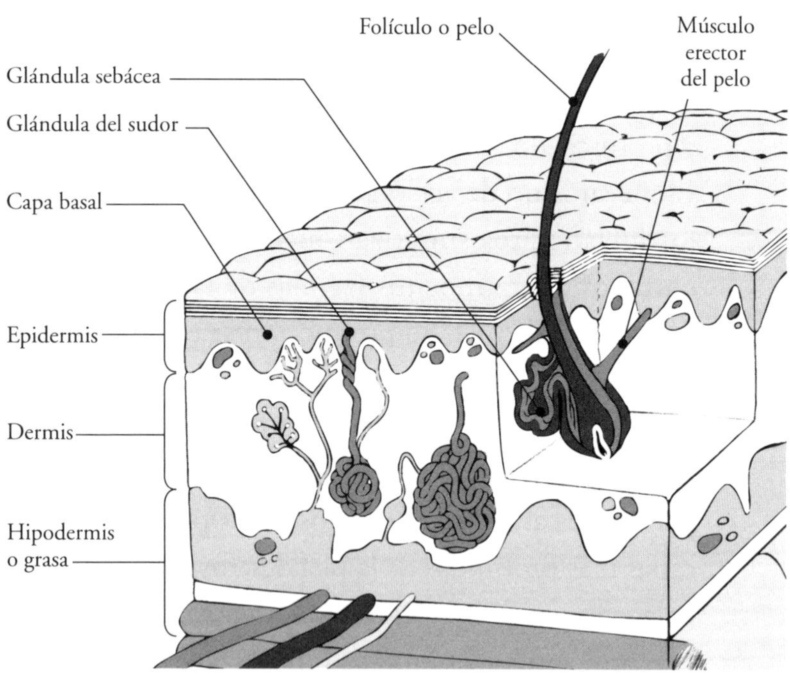

Capas de la piel.

cadas en el origen de determinadas enfermedades de la piel como la psoriasis, el vitíligo y el liquen plano.

Dermis

Es la capa media y actúa como un armazón, soportando la piel. Supone un 90 por ciento de la masa cutánea y tiene las siguientes funciones:

- Proporciona acción protectora frente a los traumatismos.
- Da elasticidad y flexibilidad a la piel.
- Participa en la curación de heridas.
- Almacena agua.
- Transmite información de tacto, calor, frío y dolor.
- Junto con la epidermis, regula la temperatura corporal.

La dermis está formada por una gran variedad de fibras (colágenas, elásticas y reticular), células (fibroblastos, mastocitos y macrófagos), vasos sanguíneos (nutren la dermis, contribuyen a la regulación de la temperatura y, en menor medida, de la tensión arterial) y anejos (pelos, glándulas ecrinas, apocrinas y sebáceas).

La dermis está compuesta básicamente por dos tipos de proteínas, colágeno (95 por ciento) y elastina (5 por ciento). El primero es sintetizado por unas células llamadas fibroblastos y resulta fundamental para proporcionar tersura a la piel.

La elastina se encarga de dar esa consistencia elástica a la piel.

Estas fibras de colágeno y elastina están inmersas en un material gelatinoso compuesto por unas sustancias denominadas glicoproteínas, siendo la principal el ácido hialurónico. Éste, que es el mismo que inyectamos cuando queremos rellenar una arruga o moldear un labio, absorbe agua en la dermis, por lo que es un hidratante natural de nuestra piel.

La dermis es especialmente gruesa en el cuero cabelludo y la espalda y muy fina en los párpados.

Hipodermis o grasa subcutánea

Es la capa más profunda de la piel. Se encarga de almacenar la grasa y está compuesta por lobulillos o «paquetes» de células grasas. Al tratarse de una capa aislante tiene como misión ayudar al control de la temperatura. También actúa, a modo de colchón, amortiguando pequeños traumatismos.

Al igual que la dermis, la hipodermis también contiene fibras de colágeno y de elastina, así como vasos sanguíneos, nervios y vasos linfáticos.

Su grosor puede ser de varios centímetros, como en los glúteos, o mínimo como en los labios.

Capítulo IV

LA DIETA: TU MEJOR COSMÉTICO

A menudo me he tenido que comer mis palabras
y he descubierto que eran una dieta equilibrada.
WINSTON CHURCHILL

Seguir las pautas de una dieta equilibrada, caracterizada por un elevado consumo de frutas, verduras y aceite de oliva, no sólo contribuye a mejorar el estado de salud general; también ayuda a mantener la piel sana y joven, pues la ingesta de alimentos ricos en vitaminas C y E, poderosos antioxidantes, neutraliza el daño que los radicales libres (esas especies químicas inestables que se forman en presencia de la luz y el oxígeno y atacan a nuestras células, destruyéndolas) infligen a la piel.

Por lo tanto, si queremos prolongar nuestra juventud y retrasar la aparición de los signos de envejecimiento (arrugas, manchas, falta de firmeza...) tendremos que empezar por cambiar de hábitos, pues, en palabras de los expertos en nutrición, comemos mal y nos movemos poco.

Según datos de la OMS (Organización Mundial de la Salud), más de mil millones de adultos en todo el mundo (una de cada seis personas) padece sobrepeso, y éste, además de contribuir a desencadenar numerosas enfermedades (diabetes, hipertensión arterial, cardiopatías…), también es, en muchos casos, responsable del mal estado de nuestra piel.

Sin embargo, en éste como en otros aspectos, el factor genético ejerce una gran influencia; de hecho, hay personas que siguen una dieta sana y equilibrada y presentan una piel con problemas, mientras que otras que abusan de grasas, dulces industriales, bebidas alcohólicas, etc., muestran una piel impecable. Pero, como decía un buen profesor de golf: «En este deporte todo es cuestión de suerte, pero cuanto más entrenas, más suerte tienes…». Moraleja: de nosotros depende mejorar nuestra dieta y que los beneficios que ésta conlleva redunden en un mejor estado de nuestra piel.

La firmeza, suavidad, elasticidad y buen color, características propias de una piel joven y sana, se basan en un correcto aporte de nutrientes que alcanzan la piel a través de los vasos sanguíneos. Empecemos, pues, por frecuentar la zona correcta de nuestro supermercado. Las frutas y los vegetales no sólo nos aportan vitaminas y minerales que son indispensables para la piel, también nos proporcionan unas buenas reservas de sustancias antioxidantes fundamentales para reparar correctamente los pequeños daños que ésta sufre a diario a través de la exposición solar o el tabaco. Además, una dieta con abundantes frutas y vegetales proporciona un efecto protector frente al infarto de miocardio, cáncer y trombosis cerebral.

Está demostrado que si reducimos la ingesta de azúcares refinados (azúcar blanca, chocolate y dulces) en un 10 por ciento en pacientes con tendencia a piel grasa o acné, podemos disminuir la acción de las hormonas responsables de esta acumulación de sebo en la piel.

Las dietas drásticas no sólo son poco efectivas, dado que todo el mundo termina por abandonarlas y vuelve a recuperar los kilos perdidos, sino que además son en gran parte responsables de que cada vez haya más personas que padecen trastornos alimenticios. En lo que respecta a la piel, resultan nefastas al eliminar bruscamente la grasa que separa la piel de los músculos, provocando una acentuación de las arrugas y surcos faciales.

Por otra parte, el sobrepeso suele ser el responsable de la aparición de estrías ocasionadas por una ruptura brusca de las fibras de colágeno, del incremento de las bolsas de los ojos, la doble papada que desdibuja los contornos faciales…

Numerosos estudios sugieren seguir una dieta muy rica en aceites de pescado, para preservar la juventud, que incluye la ingesta de salmón y sardinas, alimentos ricos en ácidos grasos omega-3 (conocidos como las grasas buenas), un aceite con una gran capacidad antioxidante. Sin embargo, aunque la ingesta de estos ácidos grasos sea saludable por su efecto cardioprotector, no hay ningún estudio que demuestre que éstas nos hagan más jóvenes.

Como el resto de los órganos del cuerpo, la piel, el más externo de todos ellos, controla la pérdida de agua y sales minerales, regula la temperatura y protege al organismo frente a las agresiones externas, pero también la piel tiene sed. Por eso los nutricionistas recomiendan beber dos litros de agua al día (el café y las bebidas con cafeína no cuentan porque tienen efectos diuréticos) para mantenerla bien hidratada, ya que la hidratación contribuye a frenar el envejecimiento cutáneo, que se acelera de forma prematura cuando el contenido en agua de la capa córnea es inferior al 10 por ciento, pues en estas condiciones la piel pierde suavidad y elasticidad.

¿DEBEMOS TOMAR SUPLEMENTOS VITAMÍNICOS?

Está claro que envejecemos porque nos oxidamos. Lo que no está demostrado es que tomando sustancias antioxidantes envejezcamos menos. Incluso hay estudios que nos avisan de los peligros para nuestra salud de tomar altas dosis de antioxidantes.

En principio los suplementos vitamínicos están indicados sólo en personas que no sigan una dieta equilibrada. Sin embargo, actualmente hay numerosos grupos de investigación trabajando en la búsqueda de una combinación eficaz de vitaminas y oligoelementos para tomar habitualmente como suplemento oral. Esta parte de la llamada «medicina antiedad» es un área científica fascinante en pleno proceso de desarrollo, que tiene un futuro muy prometedor.

Desgraciadamente existen intereses comerciales por parte de las clínicas y doctores que lo ponen en práctica, así como una gran presión por parte de la industria farmacéutica ante el gran negocio que supone esta «medicina antiedad», que hace que en su práctica en ocasiones se utilicen pautas que no están científicamente demostradas. Habrá que esperar unos años a que se establezcan unos protocolos contrastados científicamente para el diagnóstico y manejo de la «medicina antiedad».

PIRÁMIDE DE UNA DIETA EQUILIBRADA

Recientemente se han publicado nuevos datos científicos que demuestran la eficacia de seguir una dieta equilibrada. Expertos de la escuela de salud pública de la Universidad de Harvard han creado una nueva pirámide, basándose en las últimas investigaciones dietéticas, que presenta notables diferencias con las anteriores:

Cereales integrales (en casi todas las comidas)

La principal fuente de energía del cuerpo humano son los hidratos de carbono y la mejor fuente de carbohidratos es el cereal integral, ya que el cuerpo no lo digiere tan rápido como el cereal refinado. De esta forma no se produce un aumento de los niveles de azúcar en sangre tan rápido, evitando así el posible desarrollo de una diabetes tipo 2.

Aceites (situados en la base)

La pirámide de la dieta saludable sitúa en su base los aceites vegetales, como el de oliva, soja, maíz, girasol, cacahuete y algún pescado rico en grasa, como el salmón. La razón es que estos aceites no sólo mejoran los niveles de colesterol sino que además son cardioprotectores.

Verduras y frutas (en abundancia)

Una dieta rica en frutas y verduras protege contra las enfermedades cardiovasculares y frente a determinados cánceres. Además, disminuye la tensión arterial, ayuda a evitar cuadros de diverticulitis (inflamación intestinal muy dolorosa), evita el desarrollo de cataratas y de degeneración macular (causa de ceguera).

Pescado, aves y huevos (de 0 a 2 veces al día)

Son buenas fuentes de proteínas que además llevan otras virtudes aparejadas: el pescado puede reducir la patología cardiaca; el pollo y el pavo aportan muy pocas grasas saturadas.

Frutos secos y legumbres (de 1 a 3 veces al día)

Son, en conjunto, una gran fuente de proteínas, fibra, vitaminas y minerales.

Productos lácteos o suplementos de calcio (de 1 a 2 veces al día)

Para conservar unos huesos sanos es necesario calcio, vitamina D y ejercicio. Así que en principio los lácteos pueden parecer una buena fuerte de calcio, pero no hay que olvidar que además aportan grasas saturadas. Así que es mejor tomar lácteos desnatados o, si no, suplementos de calcio.

Carnes rojas y mantequilla (rara vez)

Se sitúan en el vértice de la pirámide por contener mucha grasa saturada.

Arroz refinado, pan blanco, patatas, pasta y dulces (rara vez)

En esta nueva pirámide estos alimentos se consideran no saludables. La razón es que elevan rápidamente la glucosa en sangre y esto puede originar:

- Aumento de peso.
- Diabetes.
- Patología cardiaca.

Complejos vitamínicos (a diario)

La toma diaria de un complejo vitamínico nos provee de una buena reserva. Evidentemente no puede sustituir una dieta variada, pero sí rellenar los huecos que, a pesar de seguir las recomendaciones de la pirámide, pueden aparecer.

Alcohol (con moderación)

Muchos estudios sugieren que la ingesta moderada de alcohol disminuye los riesgos de enfermedades cardiacas, así que también se incluye en la dieta.

Ejercicio físico diario y control de peso

Una dieta equilibrada y unos hábitos de vida sanos es lo mejor que podemos hacer por nuestra salud a largo plazo y, de paso, por el buen estado de nuestra piel. El resultado es, sin duda, mucho mejor que cualquier producto cosmético, cirugía o tratamiento antiedad.

Probablemente no nos hará parecer veinte años más jóvenes, como algunos entusiastas suelen prometer, pero sin duda nos proporcionará un aspecto más joven y sano. Y, además, contribuirá a que nos sintamos mejor.

Conclusión

Una dieta equilibrada es de las mejores inversiones a medio plazo que podemos hacer para mantenernos con buen aspecto. Gastar gran cantidad de dinero y energía en cremas y técnicas como el bótox, láseres... ayuda, pero no constituye la mejor solución para mantenernos jóvenes. Seguir una dieta equilibrada y variada, practicar ejercicio físico de forma moderada pero constante, protegerse del sol, descansar adecuadamente y beber abundante agua son buenos hábitos: no nos van a rejuvenecer de forma evidente, pero van a hacer que el ritmo de desgaste de nuestro cuerpo sea más lento, lo que, a la larga, redundará en un aspecto físico más saludable. Y lo que es más importante: ¡nos vamos a sentir más jóvenes!

Capítulo V

¿UN PACTO CON EL DIABLO? LAS CAUSAS INTERNAS Y EXTERNAS DEL ENVEJECIMIENTO

La vejez es la pérdida de la curiosidad.
AZORÍN

No hace falta ser muy observador para darse cuenta de que hay personas que aparentan más años que otras de su misma edad, que parecen haber hecho un pacto con el diablo. El factor hereditario juega un importante papel, pero también los factores externos tienen su responsabilidad.

Aunque los avances médicos y el aumento del nivel de vida han conseguido retrasar la aparición de los signos y síntomas del envejecimiento, las causas de su aparición siguen siendo las mismas y se reducen a dos: internas y externas; es decir, envejecimiento intrínseco y envejecimiento extrínseco.

CAUSAS DEL ENVEJECIMIENTO
▪ *Internas*: nuestra genética o reloj biológico interno. ▪ *Externas*: el sol, el tabaco, determinadas posturas al dormir, excesiva gesticulación, la gravedad, la dieta inadecuada y el alcohol.

LOS GENES QUE HEREDAMOS: EL ENVEJECIMIENTO INTRÍNSECO

El envejecimiento intrínseco o interno está causado por los genes que heredamos. Se trata de un proceso natural que se inicia a partir de los 30 años y se manifiesta en forma de:

- Arrugas finas.
- Adelgazamiento progresivo de la piel.
- Pérdida de grasa subdérmica alrededor de los ojos y en las mejillas.
- Relajación y pérdida de tensión de los tejidos.
- Deshidratación.
- Pérdida de pelo.
- Aparición de canas.
- Aparición de pelo no deseado en determinadas zonas.

La producción de colágeno, la principal proteína de la piel, disminuye. También se produce menos elastina, proteína que proporciona elasticidad a la piel. Las células de la piel comienzan a dividirse con menos rapidez.

Estos procesos están controlados genéticamente. Por ejemplo, algunas personas presentan las primeras canas a los 20 años, mientras que otras no lo hacen hasta los 40.

Existen varias teorías que explican por qué envejecemos (los radicales libres, la teoría de la mitocondria, la de los telómeros, la hormonal, etc.). Sin embargo, no se sabe con seguridad el mecanismo exacto del envejecimiento. Probablemente una combinación de estos mecanismos esté implicada en el proceso.

¿QUÉ SON LOS RADICALES LIBRES?

En un congreso de dermatología en Estados Unidos un profesor americano hablaba de radicales libres y puso este ejemplo: imaginen un crucero lleno de parejas recién casadas. Todo es equilibrio y armonía. De repente, en alta mar encuentran un náufrago. Su aspecto es horrible. Lo recogen, lo lavan, lo afeitan y resulta que... ¡es Tom Cruise! Algunas mujeres comienzan a mirarle con deseo, los maridos se ponen celosos y se enfadan; es decir, se crea un ambiente tenso e incómodo. ¡Pues Tom Cruise es como un radical libre! Los radicales libres son moléculas que han perdido un electrón y son inestables y reactivas. Estas moléculas intentan unirse a otras sanas creando un desequilibrio que origina un envejecimiento no sólo de la piel sino de todos los tejidos del organismo. Por ello es importante tomar alimentos que tengan sustancias antioxidantes, las cuales frenan este proceso.

EL SOL Y OTROS FACTORES: EL ENVEJECIMIENTO EXTRÍNSECO

El principal factor extrínseco o externo que envejece nuestra piel es el sol. Otros factores son la excesiva gesticulación, la gravedad, las posturas al dormir y el tabaco. Es fundamental conocer estos factores extrínsecos por que podemos actuar sobre ellos para poder prevenir el envejecimiento de la piel.

El sol

Es el principal agente causante del envejecimiento. Responsable de la aparición de pecas, manchas solares, venitas (arañas vasculares), piel áspera y arrugas finas, y lo que es más grave, el 90 por ciento de los cánceres de piel están producidos por el sol. Al tratarse del mayor enemigo de la piel, su estudio merece un capítulo aparte (véase capítulo VI).

Los cambios que produce el sol en la piel se denominan «fotoenvejecimiento». Este fotoenvejecimiento depende de dos factores: 1) el tipo de piel de la persona, y 2) el tiempo de exposición solar. Con un mismo tiempo de exposición solar, las personas con piel clara tienen más fotoenvejecimiento que las personas con piel oscura.

Las exposiciones solares repetidas hacen que el colágeno de la piel se rompa, y que la capacidad de producir nuevo colágeno disminuya. También el sol ataca la capacidad de producir elastina, por lo que una piel dañada por el sol es mucho menos elástica. Todo este proceso se va acumulando, es decir, que los signos de «daño» solar aparecen años después de haber tomado el sol. Es lo que vulgarmente se llama «memoria» de la piel. En el capítulo VI, dedicado al sol, nos extenderemos más en este sentido.

El tabaco

El tabaco produce una serie de cambios metabólicos en nuestro cuerpo que aceleran el envejecimiento. Diversos estudios han demostrado que una persona que fume diez cigarros o más al día durante un mínimo de diez años desarrolla una piel más arrugada y menos elástica que un no fumador. Además, la adicción al tabaco confiere un tono amarillento especial a la piel de los fumadores. Un estudio realizado en Estados Unidos en el año 2008 demostró la formación de arrugas prematuras en una mujer fumadora con respecto a su hermana gemela no fumadora.

Pero estos cambios pueden ser reversibles, y así, personas que han fumado durante años pueden mejorar su piel solamente con dejar de fumar durante meses.

Las posturas

La postura que adoptemos al dormir también afecta al estado de la piel. La misma posición durante años produce arrugas concretas. Las mujeres tienden a dormir de lado, por lo que estas arrugas suelen aparecer en el mentón y en las mejillas. Los hombres apoyan la cara sobre la almohada, por lo que las arrugas suelen aparecen en la frente. Estas arrugas se distribuyen de forma vertical en la cara y se notan más por la mañana al levantarse y menos por la noche. Las personas que duermen boca arriba no tienen este tipo de arrugas.

Los gestos faciales

Los movimientos repetidos de los músculos faciales («gesticulación») producen arrugas. En torno a este hecho, no hay discusión. Por tanto, la gimnasia facial, que tan de moda se puso hace algunos años, resulta nefasta. Al ejercitar los músculos de la cara conseguimos aumentar estas arrugas de expresión que se forman por la contracción repetida de los músculos que están por debajo de la piel. A medida que envejecemos la piel se hace más fina y estas arrugas se perciben mejor. Por ello la toxina botulínica (bótox) mejora las arrugas de expresión al relajar el músculo que las produce.

La gravedad

La ley de la gravedad también afecta al estado de nuestra piel: a medida que cumplimos años se hace menos elástica y los efectos de la gravedad se hacen más evidentes. Por ello con la edad notamos que la punta de la nariz baja, las orejas se alargan, los párpados caen, la mandíbula y el cuello se «descuelgan», al sonreír enseñamos menos los dientes, el labio superior se hace menos evidente y más plano mientras que el inferior se hace más prominente, etc.

Este «descolgamiento» generalizado se debe a varios factores:

- Una pérdida en la firmeza de la piel.
- Una disminución del tejido graso que hay debajo de la piel.

- El tono de los músculos elevadores disminuye, por lo que ejercen más acción los músculos depresores de los elementos de la cara.
- Los huesos de la cara van perdiendo densidad.

La dieta y el alcohol

Una dieta no adecuada puede causar un envejecimiento prematuro de la piel al no aportar los debidos nutrientes que ésta necesita. Los cambios bruscos de peso producen estrías y un envejecimiento generalizado, y el consumo de alcohol, la aparición de enrojecimiento generalizado y venitas. Por otra parte, el alcohol también puede alterar la absorción de determinadas vitaminas que son necesarias para mantener una piel sana.

¿CÓMO CAMBIA LA PIEL CON LOS AÑOS?		
Edad	*Imagen*	*Biología*
Menos de 15 años	Piel suave, lisa, poros pequeños.	Buena hidratación y cicatrización.
Entre 15 y 30 años	Piel más grasa con tendencia a acné. Poro más grande.	Mayor actividad de las glándulas sebáceas. La capacidad de hidratación comienza a disminuir. →

Edad	*Imagen*	*Biología*
Entre 30 y 50 años	Comienzan a aparecer las arrugas de expresión, las bolsas debajo de los ojos y las manchas solares.	Menor capacidad de hidratación y de producción de colágeno. La epidermis adelgaza.
Más de 50 años	Aparecen arrugas en reposo. Coloración irregular de la piel. Flaccidez.	Disminución en la capacidad de hidratación, de producción de sebo y de producción de colágeno.

Capítulo VI

EL SOL, ¿ALIADO O ENEMIGO?

El lunar es el punto final del poema de la belleza.
RAMÓN GÓMEZ DE LA SERNA

El sol es la estrella más próxima a nosotros. Es indispensable para la vida (para el crecimiento de los vegetales, los animales y los hombres) pero su radiación puede tener una incidencia nociva para el organismo, sobre todo en la piel. De hecho el sol es la principal causa externa de envejecimiento cutáneo. La energía solar queda almacenada en la «memoria» de las células de la piel y las quemaduras solares o exposiciones excesivas pueden convertirse en cáncer unos años después o, como mal menor, ser las responsables de la aparición de manchas solares, atrofia de la piel o arrugas. Por lo tanto, el mejor consejo que un dermatólogo puede dar a sus pacientes es: protégete hoy del sol; tu piel lo agradecerá dentro de unos años.

Sin embargo, no todo son malas noticias con respecto al astro rey. Tomado con precaución el sol es un gran aliado de nuestra salud que nos reporta beneficios físicos y emocionales: no sólo activa la circulación y favorece el desarrollo de la vitamina D3, sino que también fortalece los huesos, refuerza el sistema inmunológico y nos proporciona el deseado bronceado. Asimismo, constituye una extraordinaria fuente de energía, equilibra el sistema nervioso, activa las hormonas y ayuda a combatir la depresión. Por ello, en vez de hablar de los peligros del sol, es conveniente hablar del peligro de exponerse en exceso a sus rayos. Las consecuencias de esas sobredosis varían, en función de la capacidad de defensa de cada persona.

FACTORES QUE INCIDEN EN EL BRONCEADO

No es lo mismo tomar el sol en marzo o en pleno mes de agosto. En verano, por ejemplo, es cien veces más probable quemarse bajo el sol que en cualquier otra estación. También la hora del día es significativa: antes de las once de la mañana y después de las seis de la tarde el efecto eritemático es casi nulo. La polución, sin embargo, produce un efecto positivo (el único que se le conoce) al actuar de filtro entre el sol y nuestra piel.

Asimismo, nos olvidamos a menudo de que la luz visible y los rayos ultravioletas pueden alcanzar la piel de forma indirecta, al reflejarse sobre diversas superficies: mientras sobre la hierba el valor reflector es de un 4 por ciento, sobre la arena se convierte en un 25 por ciento y en la nieve se multiplica hasta llegar al 80 por ciento. La altitud, por último, es otro factor que hay que tener en cuenta a la hora de tomar el sol, ya que el peligro de quemaduras aumenta un 4 por ciento cada 300 metros de altura.

Además de los signos de envejecimiento precoz (manchas, venas y arrugas), la radiación solar produce lesiones precancerosas («queratosis actínicas») y cáncer de piel. De hecho, el 90 por ciento de los cánceres de piel están producidos por el sol, lo que quiere decir que podemos prevenirlos.

Las exposiciones solares repetidas hacen que el colágeno de la piel se rompa, y que la capacidad de producir más disminuya. También ataca la capacidad de producir elastina, por lo que una piel dañada por el sol es mucho menos elástica. La acumulación de radiación se va «almacenando» en nuestro organismo para aparecer años después de haber tomado el sol. Es lo que vulgarmente se llama «memoria» de la piel.

¿QUÉ ES LA RADIACIÓN ULTRAVIOLETA?

La Tierra no recibe más que una pequeña parte de los rayos solares, ya que las diferentes capas de la atmósfera paran las radiaciones más nocivas para las personas. La capa de ozono, situada a 25 kilómetros de altura, en la estratosfera, constituye una barrera ecológica indispensable para la Tierra, ya que absorbe de manera muy eficaz las radiaciones que resultan nocivas para la vida.

Las ondas electromagnéticas constan de diferentes longitudes de onda y, entre ellas está el campo óptico, el cual incluye el espectro de la luz visible, los rayos infrarrojos y los ultravioletas.

Por tanto, la energía que llega a la Tierra está constituida por:

- Rayos infrarrojos: productores de calor.
- Luz visible: se compone de los siete colores del arco iris (violeta, índigo, azul, verde, amarillo, naranja y rojo).
- Rayos ultravioletas (UVA y UVB): son invisibles al ojo humano y de energía superior a la luz visible.

La energía solar llega a la tierra en forma de rayos de diferentes longitudes de onda, pero a la piel tan sólo le afectan los rayos infrarrojos y ultravioletas (UVA, UVB y UVC). Los primeros, de una longitud de onda más larga y, por lo tanto, menos energéticos que los ultravioleta, penetran hasta la hipodermis (capa más profunda de la piel), donde su energía se transforma en calor. Son, pues, los responsables del calentamiento de la piel y, por tanto, los encargados de dar la voz de alarma cuando la exposición es excesiva. Un cielo nublado deja pasar los rayos UVA y UVB del sol. Únicamente es capaz de frenar los rayos infrarrojos; por eso no sentimos sensación de calor, pero podemos llegar a quemarnos.

Por su parte, los ultravioleta se dividen en UVA, UVB y UVC. Los primeros, menos potentes, pero más perseverantes que los segundos (atraviesan los cristales), son los causantes del envejecimiento de la piel a largo plazo, pues sus efectos aparecen al cabo de los años. Hasta hace pocos años se pensaba que los rayos UVA eran inofensivos, pero hoy se sabe que no.

Los UVB han sido considerados desde hace años los causantes del envejecimiento prematuro y del cáncer de piel. Pero también ejercen una actividad indispensable para el funcionamiento del organismo, ya que bajo su efecto se sintetiza la vitamina D, necesaria para el crecimiento óseo. Se detienen en la capa más superficial de la piel, donde estimulan los melanocitos para producir nueva melanina, y el bronceado resultante de esa actividad actúa como una primera —aunque débil— protección frente al sol.

Los UVC son los más energéticos (altamente cancerígenos), pero la capa de ozono, cada vez más debilitada, se encarga de protegernos de ellos haciendo de barrera e impidiéndoles llegar a la Tierra.

> ¿A QUÉ LLAMAMOS «CAPITAL SOLAR»?
>
> A modo de herencia genética, cada uno recibe al nacer un mayor o menor capital solar que va consumiendo a lo largo de su vida. Se sabe que las células tienen memoria y que los abusos solares sufridos antes de los 12 años se acumulan en nuestro organismo, constituyendo, en muchos casos, la antesala de los cánceres de piel.
>
> Pero el riesgo siempre es proporcional al fototipo; es decir, las personas de piel clara están más amenazadas que las de piel oscura, que poseen una melanina de mejor calidad que las protege, si bien con el paso de los años la producción de melanina disminuye, por lo que la protección debe aumentarse.

¿POR QUÉ NOS PONEMOS «MORENOS»?

El bronceado es una reacción de defensa natural de la piel. Bajo la influencia de los rayos ultravioleta A y B, los melanocitos (células que se encuentran en la capa más superficial de la piel) comienzan a sintetizar en mayor cantidad un pigmento llamado «melanina», que se encarga de absorber las radiaciones solares creando a su vez un tono dorado de la piel. Este mecanismo se pone en marcha progresivamente al exponernos al sol, y el bronceado no aparece hasta que se cumplen varios días de exposición. La abundancia y la distribución de la melanina determinan el color de la piel y su reactividad al sol.

El bronceado ejerce una protección capaz de absorber el 90 por ciento de los rayos UVB, pero no es suficiente para evitar los efectos nocivos del sol, ya que no es capaz de parar los rayos UVA, que son tan peligrosos como los UVB. Ambos son responsables a largo plazo de los cánceres cutáneos y del envejecimiento de la piel.

A LO LARGO DE LA HISTORIA

Desde el inicio de la civilización el bronceado ha constituido un fenómeno social: hasta el siglo XIX la piel morena era símbolo de virilidad, mientras que en las mujeres la piel curtida se asociaba al trabajo y, por tanto, poseer la tez blanca era signo de belleza y clase social elevada. En los años XX, en plena *Belle Époque*, las mujeres empiezan a tomar el sol en la playa y el traje de baño se convierte en una prenda de uso común. Una élite simbolizada por Coco Chanel descubre el bienestar que proporcionan los cruceros soleados, los solariums y las estancias en la Riviera. La piel bronceada deja de ser considerada signo de clase social baja para convertirse en símbolo de riqueza. Posteriormente, en los años sesenta, se empieza ya a hablar de los efectos nocivos del sol y pronto surgen los primeros fotoprotectores.

CÓMO NOS COMPORTAMOS FRENTE AL SOL

La actitud de las personas frente al sol ha evolucionado mucho desde que a finales de los años sesenta se conocieran los efectos nocivos de los rayos. Sin embargo, y a pesar de que la población cada vez dispone de una mayor información acerca de los riesgos que entraña una exposición inadecuada, el cáncer de piel es uno de los tumores que más aumenta. Y es que no basta con tener las herramientas para protegernos, sino que hay que hacer buen uso de ellas. Es una realidad que cada vez nos protegemos más, pero también que lo hacemos peor, y la mala aplicación de una crema es la principal razón de que ésta pierda su eficacia. Otro detalle en el que no reparamos es que el fotoprotector funciona como un medicamento, no como un cosmético; por ello, es fundamental aplicarlo media hora antes de la exposición solar, de manera que a la piel le dé tiempo de absorberlo, y repetir la aplicación cada dos horas.

La fotoprotección ha experimentado una gran evolución. Al principio, su objetivo era proteger la piel de las quemaduras del sol. Después, se puso el acento en la prevención del fotoenvejecimiento y de los cánceres. En este campo, es difícil saber si las cremas fotoprotectoras son eficaces al cien por cien, primero porque se trata de efectos a muy largo plazo cuya puesta en evidencia implica difíciles y largos estudios epidemiológicos y, en segundo lugar, porque esos objetivos tropiezan con problemas de comportamiento (malos hábitos de aplicación de las cremas, falta de renovación de la misma, etc.).

NO TODOS SOMOS IGUALES FRENTE AL SOL

Todo depende de nuestro fototipo o capacidad de bronceado. Éste viene definido por el color de la piel, el de los cabellos, la tendencia a las quemaduras solares y la capacidad de broncearse, particularidades que están genéticamente programadas.

Se pueden distinguir dos grandes grupos: personas sensibles frente al sol (fototipos 0 a III), que deben protegerse fuertemente, y personas «resistentes» (fototipos IV a VI), para las cuales las necesidades de protección son menores.

En el primer grupo se encuadran las personas de cabellos pelirrojos y de ojos claros, que prácticamente no se broncean y son muy sensibles a las quemaduras solares. Estas personas son las que con mayor frecuencia se ven afectadas por los cánceres cutáneos.

FOTOTIPOS SOLARES

Fototipo	*Cabello*	*Color de la piel*	*Quemaduras*	*Bronceado*
I	Pelirrojo	Lechosa	Constantes+++	Nulo
II	Rubio	Clara	Constantes++	Ligero
III	Castaño	Clara	Frecuentes	Claro
IV	Castaño oscuro	Mate	Raras	Oscuro
V	Castaño muy oscuro	Mate	Excepcionales	Muy oscuro
VI	Negro	Negra	Nunca	Negro

Una vez que conocemos nuestro fototipo ya podemos elegir la protección más adecuada, siguiendo unas pautas básicas: cuanto más clara es la piel de la persona, mayor debe ser el factor de protección que utilice.

El factor de protección solar (FPS) indica numéricamente el tiempo que podemos permanecer bajo el sol sin quemarnos. Por ejemplo, un factor 15 indicaría que para quemarnos tendríamos que exponernos al sol quince veces más tiempo del que nos llevaría quemarnos sin protegernos.

Pero también hay que tener en cuenta las condiciones de exposición solar. Además, en ocasiones la piel puede demostrar una sensibilidad exacerbada al sol, independientemente del fototipo, debido a que ha sufrido agresiones repetidas (climáticas, cosméticas o medicamentosas) o porque reacciona ante estímulos a los que una piel normal no reaccionaría (alergia), volviéndose incluso intolerante al sol.

¿PARA QUÉ SIRVEN LOS FILTROS?

Son ingredientes que pueden absorber, dispersar o reflejar los rayos ultravioleta. De forma natural, la propia melanina ejerce una leve protección frente al sol, como también lo hace el ácido urocánico que se desencadena con el sudor, pero a grandes rasgos los filtros se dividen en dos categorías: físicos y químicos. Los primeros crean una barrera física entre la piel y el sol, que refleja un alto porcentaje de los rayos. Generalmente su fórmula está compuesta por dióxido de titanio, una molécula de gran tamaño que permanece en la superficie de la piel. El problema es su textura, muy gruesa y poco confortable, aunque hoy los laboratorios han conseguido integrarla en fórmulas más cosméticas.

Los filtros químicos, por su parte, son compuestos que absorben la energía de los rayos y, al liberarla, se degradan y pierden su capacidad filtrante, con el inconveniente añadido de que produce otras moléculas. Estos filtros químicos son más cosméticos, es decir, se distribuyen mejor en la piel.

INGREDIENTES DE LAS CREMAS DE PROTECCIÓN

- *Efecto anti-UVA*: avobenceno, mexoril SX y tinosorb.
- *Efecto anti-UVB*: metoxicinamato, octocrileno, ácido sulfónico y tinosorb.
- *Anti-UVB y anti-UVA en polvo micronizado* (son las menos cosméticas, ya que blanquean la piel): dióxido de titanio, dióxido de zinc.

CONSEJOS BÁSICOS PARA TOMAR EL SOL

Los diez consejos básicos que se deben seguir para lucir en verano una piel bronceada y sana son los siguientes:

1. Aplicarse el protector solar antes de salir de casa, renovando frecuentemente su aplicación (cada dos horas), sobre todo después de cada baño.
2. Exponerse progresivamente al sol, evitando la exposición entre las 12 y las 16 horas. →

3. Evitar las lámparas de rayos UVA, ya que emiten un tipo de radiación que contribuye a la aparición de cánceres cutáneos y aceleran el envejecimiento cutáneo.
4. No exponer al sol de forma directa a los niños menores de 2 años, pues su piel, inmadura aún, no tiene capacidad para defenderse y, además, se conserva la memoria de todas las radiaciones recibidas durante la infancia. Cuanto mayor ha sido la dosis de radiación recibida, mayor es el riesgo de aparición de cánceres en la edad adulta.
5. No olvidar que nos podemos quemar realizando cualquier actividad al aire libre: montando en bicicleta, paseando a pie o a caballo, practicando la jardinería... En todas estas ocasiones debemos aplicarnos un fotoprotector.
6. No debemos fiarnos de las circunstancias que comportan un riesgo suplementario o una falsa seguridad: altitud, nubosidad, superficies reflectoras (nieve, arena, hierba y agua).
7. Debemos protegernos con gorra y gafas de sol con cristales homologados capaces de filtrar los rayos UVA y UVB. A los niños, además, debemos protegerlos con una camiseta seca y opaca: una camiseta mojada deja pasar los rayos ultravioleta.
8. Secarse bien después de cada baño. El «efecto lupa» de las gotas de agua favorece las quemaduras solares y disminuye la eficacia de los protectores solares aunque éstos sean resistentes al agua.
9. Se debe beber agua en abundancia y frecuentemente. El sol deshidrata nuestro organismo. Vigilar especialmente a las personas mayores, cuya sensación de sed está atenuada, y a los niños, cuya necesidad de agua es importante y cuyos centros de termorregulación son todavía inmaduros.
10. Si se advierte que una peca o lunar cambia de forma, tamaño o color se debe consultar a un dermatólogo.

LA NUEVA CLASIFICACIÓN DE LOS PROTECTORES SOLARES

En la consulta, nuestros pacientes nos preguntan: «Doctor, ¿debo usar un factor de protección 15, 30 o 90?». Para evitar la batalla existente de índices de protección que nos confunde a todos se ha establecido una nueva reglamentación europea con la siguiente clasificación respecto a la protección: baja, media, alta y muy alta.

El índice de protección es una cifra que cuantifica la protección UVB a corto plazo. En la medida en que esta cifra es un dato de laboratorio, las autoridades sanitarias desean que el mismo sea sustituido, en los documentos destinados a los consumidores, por unas indicaciones más sencillas. El objetivo es simplificar la información, de manera que sea más comprensible y útil para todos los consumidores.

Ahora todos los productos solares deben proteger a la vez contra los UVB y los UVA. Pero las informaciones para los consumidores no hablan ni de UVA o UVB, ni de índice, ni de longitud de onda crítica, nociones que son muy técnicas.

En primer lugar, se invita al consumidor a tomar conocimiento del nivel de sensibilidad de su piel ante el sol. Se propone una clasificación en cuatro categorías, la cual explicita los fototipos en términos simples.

□	Persona extremadamente sensible al sol	Piel blanca lechosa, pecas, pelo pelirrojo. Quemaduras solares constantes durante las exposiciones. Antecedentes de cánceres cutáneos.
△	Persona sensible al sol	Piel clara, algunas pecas, pelo rubio o castaño claro. Quemaduras solares durante las exposiciones solares, pero adquisición de un bronceado.
○	Persona de piel intermedia	Piel clara que se broncea bastante fácilmente, con quemaduras solares solamente durante exposiciones muy intensas.
⬡	Persona de piel bastante resistente	Piel mate que se broncea fácilmente sin sufrir nunca quemaduras solares.

Después, es conveniente conocer el tipo de exposición contra el que uno desea protegerse:

☼ ☼ ☼	Exposición extrema: glaciares, trópicos.
☼ ☼	Exposición importante: playas, actividades en el exterior de larga duración.
☼	Exposición moderada: vida al aire libre.

A partir de estas dos informaciones, un cuadro permite proceder a la elección del producto solar, entre cuatro clases de nivel de protección creciente: baja, media, alta y muy alta:

ELECCIÓN DE PROTECCIÓN SOLAR EN FUNCIÓN DE LA PIEL Y DE SUS EXPOSICIONES			
	☼	☼ ☼	☼ ☼ ☼
□	Alta	Muy alta	Muy alta
△	Media	Alta	Muy alta
○	Baja	Media	Alta
⬡	Baja	Baja	Media

No obstante, determinados autores consideran que esta clasificación es todavía demasiado compleja y que nos podríamos conformar con dos clases:

- Una clase de fotoprotección diaria, correspondiente a los índices de protección solar de 15-20.
- Una clase de fotoprotección excepcional, para las exposiciones intensas y las personas de fototipo muy claro

o afectadas de enfermedades fotosensibles, correspondiente a los índices de protección solar de 30-50, o más.

¿EXISTE UN BRONCEADO SANO?

En principio, y a pesar de los beneficios que aporta el sol, podemos afirmar que el bronceado producido por el sol, o en las cabinas de rayos UVA, es un signo de que la piel ha sido dañada, lo que se traduce en un envejecimiento prematuro de la piel y un aumento del riesgo de padecer cáncer de piel.

Sin embargo, nadie quiere renunciar al buen aspecto que proporciona el bronceado. La alternativa perfecta la constituyen los autobronceadores, productos capaces de reproducir en la piel el tono dorado dejado por el sol, sin sufrir sus consecuencias.

Hasta hace unos años, los autobronceadores se limitaban a colorear la piel de forma artificial por medio de la reacción de una sustancia química presente en sus fórmulas, la DHA o dihidroxiacetona, cuya misión es oxidar las proteínas existentes en el estrato córneo proporcionando ese aspecto dorado. Sin embargo, se les acusaba de proporcionar un color artificial, un olor desagradable y dejar manchas en la piel, inconvenientes que hoy han desaparecido para dar paso a nuevas fórmulas que introducen los últimos avances científicos con el fin de cumplir un doble objetivo: cuidar la piel y aportarle al mismo tiempo un color a medida con productos adaptados a los diferentes tipos de piel y a las características particulares. Es importante aclarar que este producto no protege frente al sol.

LA IMPORTANCIA DE PROTEGER A LOS NIÑOS

Es conveniente considerar a los niños pequeños como personas de riesgo solar elevado. Numerosos estudios epidemiológicos han demostrado que niños que han tenido más de cinco quemaduras solares en la infancia tienen diez veces más posibilidades de padecer cáncer de piel tipo melanoma en la edad adulta. El número de nevus o lunares junto con las exposiciones solares puede ser considerado como un factor de riesgo de melanoma.

En los periodos vacacionales, sobre todo, los niños son expuestos al sol en exceso sin tener en cuenta que es imprescindible renovar la aplicación del fotoprotector, ya que los continuos baños, los juegos al aire libre, etc., son factores de riesgo que pueden acarrear consecuencias nefastas en el futuro.

Por todo ello es fundamental proteger del sol a nuestros hijos. Afortunadamente se ha demostrado que los niños son más receptivos que los adolescentes o los adultos a mensajes de prevención y más aptos para adoptar conductas de prudencia.

MEDICINAS INCOMPATIBLES CON LA EXPOSICIÓN SOLAR

Muchos pacientes toman habitualmente medicinas para la tensión, la ansiedad o el colesterol, pero no se plantean que en ocasiones algunos de estos medicamentos son fotosensibles, es decir, que producen reacciones alérgicas con el sol.

En caso de que un paciente tome un medicamento conocido por ser fotosensibilizante, éste debe ser considerado como «persona de riesgo» y ser informado en consecuencia para que se proteja del sol de la forma adecuada. El cuadro siguiente recoge los medicamentos que originan reacciones de fotosensibilidad, cualquiera que sea el mecanismo.

MEDICAMENTOS GENERALES QUE PUEDEN PROVOCAR REACCIONES DE FOTOSENSIBILIDAD	
Antibióticos	Tetraciclinas, fluoroquinolonas, ácido nalidíxico, ceftazimida, sulfamidas, isoniazida, pirozinamida.
Otros antiinfecciosos	Griseofulvina, ketoconazol.
Antiinflamatorios	Ibuprofeno, naproxeno, y otros derivados del ácido arilpropiónico. Fenilbutazona, oxifenbutazona. Ácido mefenámico, ácide méclofenámico. Piroxicam, diclofenac.
Diuréticos	Hidroclorotiazida, bendroflumetiazida, furosemida.
Retinoides	Isotretinoína, acitretina.
Quimioterápicos	5-fluorouracil, dacarbazina, metotrexato, vinblastina.
Psicotropos	Antidepresivos tricíclicos. Fenotiazinas. Carbamazepina.

Capítulo VII

¿FUNCIONAN LAS CREMAS? LOS MITOS DE LA COSMÉTICA

El mejor cosmético para la belleza es la felicidad.
CONDESA DE BLESSINGTON

Si leemos atentamente las páginas de publicidad de las revistas, podemos observar que las cremas nos ofrecen resultados milagrosos imposibles de alcanzar: reducción del 50 por ciento de las arrugas, efecto *lifting* inmediato, eliminación de la celulitis... Si se le pregunta a un dermatólogo sobre la realidad de dichas promesas, responderá que eso es imposible, dado que las arrugas se forman en las capas más profundas de la piel, allá donde no llegan las cremas, y se producen por la rotura de fibras de colágeno y elastina (verdaderos soportes de la piel), por lo que ninguna crema, por buena que sea, puede llegar a hacerlas desaparecer.

Sin embargo, su uso regular resulta muy eficaz para hidratar la piel y mantenerla en buen estado, retrasando así la aparición de las primeras arrugas. Por lo tanto, las cremas funcionan dependiendo de las expectativas que se tengan. Así, existen tratamientos tópicos muy eficaces para nutrir la piel, protegerla del sol, eliminar las manchas...

Es evidente que la ciencia cosmética ha evolucionado notablemente proporcionando a hombres y mujeres una excepcional ayuda en el tratamiento de la piel, pero no hay que perder de vista que una crema jamás proporcionará el mismo efecto que una técnica de rejuvenecimiento.

MITOS EN RELACIÓN A LAS CREMAS

1. *Mito*: las cremas que contienen caviar son efectivas para rejuvenecer nuestra piel.
   Realidad: estas cremas tienen la misma capacidad para hidratar la piel que otras hidratantes mucho más baratas. ¡Lo mejor es comernos el caviar! Además, su contenido en ácidos grasos omega-3 tiene un efecto cardioprotector.
2. *Mito*: las cremas con efecto bótox tienen un efecto similar a las inyecciones de toxina botulínica.
   Realidad: las cremas con efecto bótox no contienen toxina botulínica y no llegan hasta el músculo que pretenden relajar.
3. *Mito*: las cremas pueden mejorar la flaccidez.
   Realidad: la flaccidez se produce por una serie de alteraciones en la epidermis, dermis, pérdida de grasa, pérdida de tono muscular y adelgazamiento óseo. Ninguna crema es capaz de mejorar la flaccidez.
4. *Mito*: el oxígeno en crema es esencial para rejuvenecer la piel.
   Realidad: el oxígeno llega a nuestra piel a través de los vasos sanguíneos, pero no a través de cremas o *peelings*.
5. *Mito*: las cremas antiarrugas contienen ingredientes capaces de reducir éstas hasta un 60 por ciento.
   Realidad: estas cremas son simplemente hidratantes de la piel y pueden mejorar levemente las arrugas muy superficiales. →

6. *Mito*: las cremas «naturales», «derivadas de plantas», son más eficaces y mejor toleradas.
   Realidad: la cicuta también es natural y deriva de una planta. Los productos llamados «naturales» no son necesariamente más sanos y mejor tolerados que los «sintéticos». De hecho, pasan muchos menos controles sanitarios de alergia y por lo general producen reacciones alérgicas e intolerancias con mayor frecuencia que los productos de perfumería o farmacia.
7. *Mito*: cuanto más cara, mejor es una crema.
   Realidad: no necesariamente. Se pueden encontrar cremas por 30-40 euros que proporcionan la misma eficacia que otras más caras. A partir de ese precio normalmente se venden otros aspectos: olor, envase, exclusividad, etc.

CUÁNDO UTILIZAR CREMAS HIDRATANTES

La piel está compuesta en un 70 por ciento de agua, por lo que es imprescindible mantener el grado correcto de humedad para así contribuir a su equilibrio. Este equilibrio no depende de la edad, sino del tipo de piel que se tenga. Las pieles más secas necesitan hidratantes más intensas (más grasas) y las pieles más grasas necesitarán cremas más ligeras (lociones o emulsiones).

Si se tiene tendencia al acné, las cremas hidratantes pueden producir la aparición de «granitos», al obstruirse el poro con mayor facilidad. Por ello, las personas con acné no deben utilizar hidratantes o bien usar cremas *oil free* o libres de grasa.

En pieles mixtas (con zonas más secas) se puede aplicar crema sólo en dichas zonas.

En líneas generales, no hay que abusar del uso de productos cosméticos hidratantes sin necesidad, puesto que, como hemos dicho anteriormente, a pesar de lo que diga la publicidad, no están capacitadas para eliminar arrugas o flaccidez.

Hoy tenemos la suerte de contar con una amplia gama de cremas hidratantes con protección solar añadida. ¡Las recomendamos!

Alfahidroxiácidos

Los alfahidroxiácidos (AHA) son un grupo de ácidos naturales derivados de la caña de azúcar (ácido glicólico), la leche (ácido láctico), las uvas (ácido tartárico) o las frutas cítricas (ácido cítrico) que provocan una exfoliación y a la vez hidratan la piel. Esta doble acción ha sido identificada, pero no se conoce realmente su mecanismo de acción. Los egipcios utilizaban las semillas de la uva (ácido tartárico) que sobraban de la fermentación del vino y las aplicaban en la piel para hacerla más luminosa. El ácido glicólico es el alfahidroxiácido más utilizado.

Otro efecto de los AHA es la despigmentación o mejoría de manchas de la piel. Además, pueden ser combinados con otras moléculas para aumentar su penetración. Los AHA se utilizan para tratar el fotoenvejecimiento. El resultado es una ligera mejora de las arrugas muy superficiales o una mayor uniformidad en el color de la piel, mejorando pecas y manchas solares.

RECETA ANTIEDAD (A PARTIR DE LOS 40 AÑOS)
▪ *Mañanas*: ácido glicólico + crema de protección solar. ▪ *Noches*: combinación de retinoides y vitamina C. Cada dos o tres días aplicar una pequeña cantidad de ácido retinoico al 0,025 por ciento, disminuyendo la frecuencia si se nota la piel muy seca e irritada. La noche en que no se aplique el ácido retinoico se aplicará la vitamina C o bien una crema hidratante. Previo a la aplicación de las cremas se deberá lavar la cara con un jabón suave sin detergente. El tipo de producto dependerá del tipo de piel del paciente. Para las personas con la piel muy grasa, una loción sin aceite o gel. Por el contrario, en el caso de las pieles secas se recomienda el uso de cremas más hidratantes, para combatir la sequedad provocada por los retinoides.

Vitamina C

Se ha probado clínicamente que la vitamina C en crema mejora ligeramente las arrugas muy superficiales, la textura de la piel y las manchas solares.

Es de destacar su acción reparadora del daño solar. Se ha demostrado que la aplicación tópica de vitamina C protege la piel de la radiación ultravioleta, evitando quemaduras o irritaciones provocadas por el sol.

Conviene no usarla combinada con retinoides o ácido glicólico, ya que la mezcla de estos elementos puede producir una fuerte irritación en la piel. En caso de que los combinemos, debemos hacerlo con precaución.

Uno de los problemas de la vitamina C en crema es que es una sustancia muy inestable, es decir, que en muchos casos no penetra en la piel en su forma activa, por lo que es muy importante la calidad de la composición para que se garantice su estabilidad.

Retinoides

Como hemos destacado anteriormente, las cremas hidratantes no eliminan las arrugas; pueden, en todo caso, mejorar temporalmente el aspecto de las más superficiales al hidratar la piel.

Por otro lado, las arrugas pueden ser más perceptibles debido a la acumulación de células muertas en la superficie de la piel. En estos casos, algunos exfoliantes, como el ácido glicólico, pueden mejorar la apariencia de las arrugas superficiales gravitatorias al eliminar las células muertas.

A partir de los 40 años es conveniente iniciar tratamiento con retinoides. Están compuestos básicamente de vitamina A. Los retinoides tópicos (en crema) pueden ser retinol, retinaldehído, adapalene, tazarotene y ácido retinoico. Por otro lado está demostrado que su uso tópico posee un alto grado de eficacia contra el acné y la psoriasis.

El ácido retinoico es la molécula que mejor ha demostrado su eficacia antiarrugas; se utiliza desde hace más de diez años y sigue siendo la sustancia «antiedad» tópica más eficaz.

Muchas cremas en el mercado contienen retinol y otros derivados del ácido retinoico, pero no ácido retinoico puro (tretinoína), pues aunque éste tiene un potente efecto rejuvenecedor en ocasiones irrita y seca la piel. El retinol y el retinaldehído, sus derivados, son menos eficaces, pero más cosméticos, es decir, irritan y secan menos la piel.

Para minimizar estos problemas, recomendamos usarlos en las concentraciones recomendadas por el dermatólogo y sólo dos o tres veces por semana, siempre acompañados de cremas de protección solar. Además, hay que destacar su efecto teratogénico (quiere decir que es muy peligroso en mujeres embarazadas, ya que su absorción por la piel puede dañar al feto). Por ello no se deben usar cremas con ácido retinoico durante el embarazo.

COSMÉTICOS DE VANGUARDIA

La vitamina E, el ácido alfalipoico y la coenzima Q10 son moléculas a las que se les han atribuido propiedades antioxidantes en la piel, aunque sus efectos rejuvenecedores están aún por demostrar.

Con el afán de aportar a los cosméticos los últimos avances científicos, los laboratorios han puesto a punto productos cuyas fórmulas incorporan dimetilaminoetanol

(DMAE), el primer cosmético que supuestamente libera acetilcolina, una sustancia requerida para producir el movimiento del músculo, mejorando así las arrugas. El salmón, las anchoas y las sardinas son fuentes naturales de DMAE, lo que explica el reciente interés por las dietas basadas en pescado. También se dice que el DMAE favorece la tonificación de la piel y mejora la flaccidez. No obstante, este producto todavía no ha sido suficientemente estudiado, y son necesarios más trabajos científicos para confirmar su eficacia.

Otros cosméticos prometen el efecto contrario: interrumpir la unión neuromuscular para relajar los músculos faciales, un efecto similar al de la toxina botulínica (cremas con efecto «bótox»). En realidad, se desconoce su grado de efectividad, ya que aún no se han realizado estudios científicos para confirmar la eficacia de las cremas de relajación muscular. Estas cremas con supuesto «efecto bótox» no contienen en realidad toxina botulínica, ya que es una molécula demasiado grande para penetrar la epidermis. Además, es imposible que una crema atraviese todas las capas de la piel hasta llegar al músculo, por lo que su eficacia es más que dudosa.

CONSEJOS GENERALES EN EL USO DE CREMAS

- Utilizar productos que contengan las sustancias activas que hayan demostrado su eficacia (retinoides, alfahidroxiácidos, vitamina C).
- No usar más de dos productos con principios activos al mismo tiempo.
- No combinar productos con ingredientes irritantes.
- Pensar a largo plazo: las cremas no son milagrosas, y en ocasiones es necesario utilizarlas durante un año para ver resultados.
- A partir de los 45 años de edad, la piel empieza a cambiar y suele ser más seca, por lo que aumenta la necesidad de usar cremas hidratantes.
- El mejor cosmético es sin duda una buena crema de protección solar.

Capítulo VIII

LAS TÉCNICAS ANTIEDAD

No hay que obsesionarse en quitar arrugas a la vida,
sino en poner vida a las arrugas.

SUSTANCIAS DE RELLENO

Con los años, la piel pierde tonicidad y presenta un aspecto mate y apagado. También se produce una disminución del grosor de los labios, con el consiguiente aplanamiento de los mismos. Por otro lado, existe una pérdida de la grasa subcutánea, que se reabsorbe de forma natural en las mejillas provocando pequeñas depresiones que acaban con los pómulos marcados y permiten que la piel se despegue aún más de los músculos faciales. Como consecuencia de ese proceso natural, aparecen las arrugas, los surcos y las depresiones faciales.

Hoy, las técnicas de relleno ayudan a mejorar o «rellenar» esas alteraciones derivadas de la edad, así como a corregir las secuelas provocadas por la varicela o un acné severo en la adolescencia.

El uso de estas sustancias, que hoy se han popularizado, no es nuevo: ya en la década de los setenta comenzó a utilizarse colágeno bovino para corregir arrugas y cicatrices, lo que constituyó una interesante novedad médica y abrió un amplio campo de estudio sobre las sustancias de relleno.

Su principal finalidad es la de ejercer una verdadera medicina preventiva, puesto que sentirte a gusto con la propia imagen contribuye a mantener el equilibrio emocional, redundando en una mejor salud general. Por lo tanto, su práctica no busca resultados espectaculares, sino pequeñas mejoras con técnicas que permitan una rápida incorporación a la vida normal.

Pero para alcanzar esos objetivos es imprescindible seleccionar bien las sustancias a inyectar, ya que las que se han venido empleado como definitivas, con materiales permanentes que no se reabsorben por la piel (siliconas, metacrilatos, etc.), han provocado serios problemas de intolerancia y reacciones alérgicas muy difíciles y, en ocasiones, imposibles de resolver.

Hoy, la dermatología cosmética utiliza productos de relleno eficaces, seguros y de efecto temporal cuyos efectos desaparecen al cabo de unos meses, pues, con los años, las arrugas de la cara cambian. Este proceso dinámico que es el envejecimiento constituye otra razón poderosa para no utilizar sustancias permanentes, ya que pueden ocasionar problemas permanentes.

TIPOS DE RELLENO

- *Ácido hialurónico.* En la actualidad la mejor y más segura sustancia de relleno es el ácido hialurónico. Esta sustancia, presente en nuestro organismo, forma una matriz viscosa donde el colágeno y las fibras elásticas están inmersos. Se puede encontrar en nuestra piel, en el humor vítreo (ojo), las articulaciones y el cordón umbilical. No requiere test de alergia y la duración es de seis a nueve meses aproximadamente. Existen muchas marcas en el mercado como Restylane, Perlane, Softline, Juvederm, etc. Se utiliza también en otras especialidades como oftalmología, urología y ortopedia.
- *Relleno con grasa.* Es una técnica algo engorrosa, ya que tiene que realizarse en quirófano y los resultados dependen de la habilidad del médico inyector. Sin embargo, si se realiza del modo adecuado los resultados son muy buenos. La grasa se puede obtener del abdomen o del glúteo del paciente y su duración es variable, entre ocho meses y varios años.
- *Colágeno bovino.* Son las sustancias de relleno más conocidas, aunque actualmente se usan poco. Antes de realizar el procedimiento siempre se deben efectuar tests de alergia previos. Las marcas más conocidas son Zyderm y Zyplast.
- *Colágeno autólogo.* Este material está constituido por fibras colágenas del propio paciente. El material es enviado y procesado en determinados centros donde la dermis es pulverizada, esterilizada y se coloca en una solución taponada; finalmente el producto se introduce en jeringas que son enviadas nuevamente para ser insertadas en el paciente. La duración es superior a un año; en general puede durar hasta dos años. El problema de este tipo de relleno radica en el alto coste y en que el profesional deberá poseer la logística adecuada para tal fin.

→

- *Microesferas de polimetilmetacrilato.* Son sustancias que producen una reacción inflamatoria a su alrededor que hace que mejore la arruga o surco inyectado. Normalmente van asociadas a otra molécula que sirve de vehículo. El efecto es de uno a tres años. Hay varios nombres comerciales como Artecoll, Artefill, Dermalive, Evolucion, Reviderm, etc.
- *Ácido poliláctico.* Viene en forma de polvo en un vial que ha de reconstituirse con agua destilada. Esta sustancia se inyecta en la zona a «rellenar» y, semanas después de la intervención, se produce el efecto deseado. Antes se llamaba New Fill y ahora se llama Sculpra. Su duración es de uno a tres años.
- *Cristales de hidroxiapatita cálcica.* Su nombre es Radiesse y su duración es de uno a tres años. Al igual que con el ácido poliláctico, el efecto de relleno se consigue semanas después de la inyección.
- *Silicona líquida.* Su uso está absolutamente prohibido por sanidad. Al ser líquido tiene la posibilidad de migrar una vez implantado, ocasionar granulomas, fístulas, etc., extremadamente difíciles de tratar.

RELLENO DE ARRUGAS CON ÁCIDO HIALURÓNICO

¿En qué consiste la técnica?

Consiste en alojar pequeñas cantidades de ácido hialurónico en el interior de la piel por medio de una inyección intradérmica. El ácido hialurónico es una molécula presente en todos los tejidos vivos, por lo que se integra de manera natural en el tejido dérmico y es reabsorbible. Por ello hoy es el relleno más seguro. Además tiene la ventaja de no necesitar prueba de alergia y de ofrecer gran seguridad en su uso.

En ocasiones pueden aparecer de forma transitoria hematomas en la zona de inyección.

¿Cuánto tiempo dura su efecto?

El ácido hialurónico es reabsorbible, y dura entre seis y ocho meses.

En la cara de una persona joven hay un predominio de convexidades. A medida que envejecemos aparecen sombras o concavidades, que pueden «rellenarse» con distintas sustancias.

¿Qué zonas se pueden rellenar?

Al tratarse de un producto muy versátil presenta muchas aplicaciones.

Existe una forma de mayor densidad que está indicada para restituir el volumen que se pierde con el paso de los años en los labios, surcos nasolabiales y arrugas peribucales. Se inyecta bajo la piel como una especie de pespunte a lo largo de todo el pliegue de la arruga para difuminar su relieve o bien modelando el contorno de los labios, mejillas, surco de la lágrima, etc. Esta técnica se suele realizar con anestesia local para evitar molestias. La duración del relleno es de seis a nueve meses.

La otra forma es mucho más fluida. Por ello se difunde más fácilmente y está indicada para hidratar la piel a nivel profundo, ganando ésta un aspecto luminoso y revitalizado. Esta técnica requiere de tres a cinco sesiones en las que se inyecta el producto formando una retícula por toda el área que se desee tratar. Sin embargo, no es necesario el uso de anestesia local. Se puede aplicar también en cuello, escote y manos.

¿Se puede usar junto con el bótox?

Sí. De hecho utilizamos bótox en las arrugas situadas encima de la nariz y ácido hialurónico en su forma de mayor densidad en las arrugas instaladas debajo de la nariz y labios; además de ácido hialurónico en su forma más fluida para revitalizar la piel de cara, cuello, escote y manos. Es importante destacar que estas técnicas no mejoran la falta de firmeza. Por ello también resulta beneficioso combinarlo con una técnica antiflaccidez como es la radiofrecuencia.

TÉCNICAS DE REJUVENECIMIENTO TEMPORAL

En ocasiones nuestros pacientes nos preguntan por qué no utilizamos rellenos permanentes para evitar tener que acudir periódicamente a la consulta, puesto que el ácido hialurónico dura de seis a diez meses y el bótox de tres a seis meses. Las razones son varias.

En primer lugar el envejecimiento es un proceso dinámico y lo que hoy puede equilibrar los contornos faciales y favorecer el conjunto del rostro, quizá dentro de cuatro años, con los cambios que se producen en la cara, no quede bien. Por ello el uso de técnicas temporales *nos permite ajustar el tratamiento a la situación estética del paciente*.

En segundo lugar está la seguridad: las técnicas permanentes pueden dar lugar a complicaciones permanentes. Se ha demostrado que el ácido hialurónico desaparece gradualmente de nuestra piel, reabsorbiéndose de forma natural.

En tercer lugar está el resultado *natural* de la expresión: con técnicas temporales es más fácil conseguir un resultado natural. Con técnicas permanentes el resultado final es más impredecible.

Y por último está la tranquilidad del propio paciente, pues si no le gusta el resultado, su efecto va a desaparecer en un breve periodo de tiempo.

Por ello recomendamos a nuestros lectores que, por seguridad, naturalidad y tranquilidad, siempre elijan técnicas temporales o reabsorbibles.

LA TOXINA BOTULÍNICA (BÓTOX)

Muchas de las arrugas tienen un origen muscular, es decir, se forman por la contracción de determinados músculos. La toxina botulínica, producida por el *clostridium botulinum*, una bacteria que vive en el suelo, produce una relajación muscular que, en determinadas dosis, puede producir la muerte de una persona. Sin embargo, en la dosis adecuada ayuda a mejorar muchas enfermedades.

A principios de la década de los setenta comenzó a utilizarse toxina botulínica para tratar el estrabismo, y su uso oftálmico permitió descubrir un efecto secundario inesperado: la toxina relajaba también los músculos de la frente y entrecejo, evitando así la formación de arrugas de expresión.

Su mecanismo de acción es muy sencillo: bloquea los impulsos nerviosos que generan las contracciones musculares, relajando los músculos y atenuando las arrugas.

La toxina botulínica se aplica mediante inyección, por lo que no deja cicatrices ni produce inflamación alguna. Los efectos se notan a los cuatro o cinco días y duran entre tres y seis meses, aunque este periodo se va alargando a medida que se repiten las aplicaciones. La infiltración no requiere preparación ni más cuidados posteriores que tumbarse en las horas siguientes para evitar que la toxina se acumule en un solo lado y se difunda a los párpados.

Actualmente la toxina se emplea en múltiples especialidades médicas para tratar estrabismo, tics, espasmos musculares, dolor lumbar, migrañas, fibromialgia reumática, etc. En der-

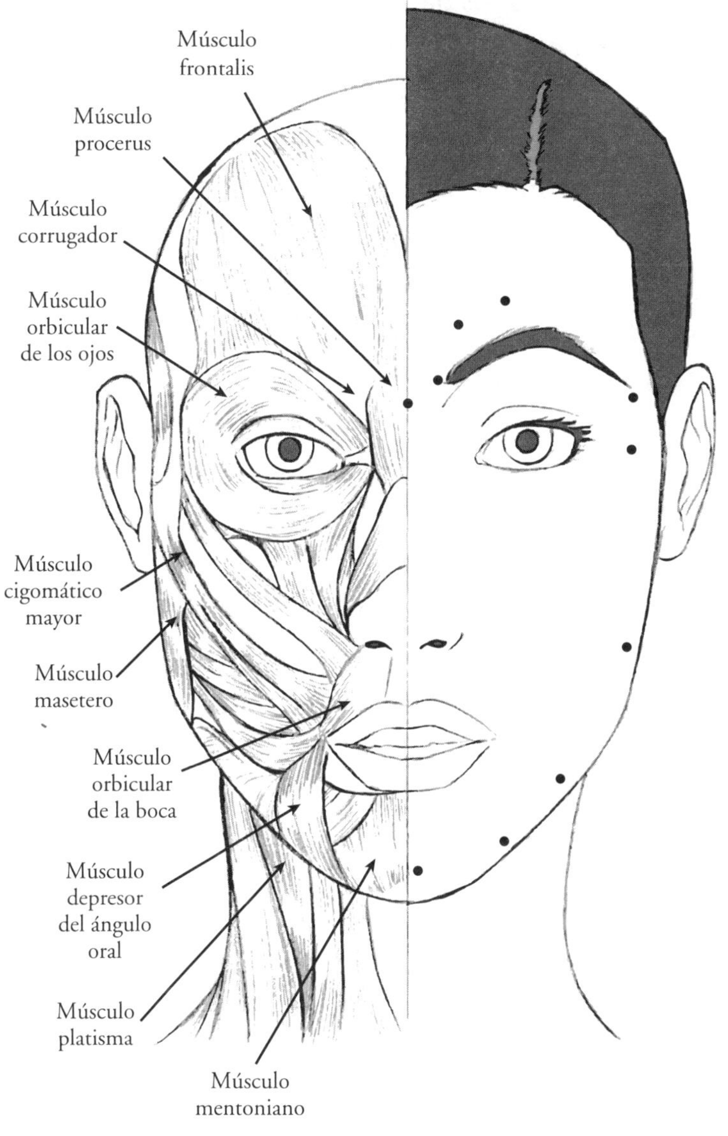

En el lado izquierdo aparecen los músculos de la cara que hay que relajar y en el lado derecho los puntos de inyección. Las unidades de bótox varían en función de la zona.

matología la utilizamos para el tratamiento de hiperhidrosis y para la mejoría de arrugas de expresión.

La hiperhidrosis es la sudoración excesiva que algunos pacientes presentan en manos y axilas principalmente, y que acarrea importantes implicaciones sociales, laborales y personales. La toxina botulínica bloquea la acción de las glándulas sudoríparas, eliminando con mayor eficacia el sudor en las axilas. El efecto dura entre seis y nueve meses, y la técnica no tiene ningún efecto secundario peligroso.

Pero el uso estrella de la toxina botulínica es el tratamiento cosmético para corregir las arrugas de expresión. La contracción de los músculos de la cara provoca arrugas. Estas arrugas de expresión aparecen sobre todo en el entrecejo, la frente, alrededor de los ojos y alrededor de la boca. Un entrecejo marcado transmite una mirada «dura», de enfado o ansiedad. También, con la edad, los ángulos laterales de la boca se «hunden», dando una expresión de tristeza. Todas estas alteraciones pueden corregirse con la toxina de forma temporal, sin riesgo alguno. Además, con los años, las cejas bajan, es decir, la distancia entre los párpados y las cejas disminuye, lo que se traduce en una mirada triste. Una inyección de toxina consigue elevar ambas cejas obteniendo una mirada más joven, relajada y descansada.

La única toxina botulínica que está aceptada en España se llama Bótox. Para no crear confusión, la toxina se comercializa con diferentes nombres: Bótox (para uso terapéutico) y Vistabel (estético). En los próximos meses saldrán al mercado otras marcas de toxina botulínica. En este libro sólo utilizaremos la palabra «bótox» cuando nos refiramos a la toxina botulínica.

LA TOXINA BOTULÍNICA: VERDADERO O FALSO

1. Existe un patrón de inyección de la toxina. Falso. Cada paciente requiere la aplicación personalizada y, por lo tanto, diferente.
2. Existe una dosis estándar de toxina. Falso. Cada paciente necesita una dosis distinta.
3. Un paciente satisfecho se consigue con la máxima inmovilidad de sus músculos. Falso. No es natural una cara sin gestos. Hay que suavizar las expresiones que transmitan cansancio, tristeza o ansiedad. El objetivo no es eliminar todas las arrugas (los adolescentes tienen arrugas) sino conseguir una distribución armónica de los distintos elementos de la cara.
4. Las diferentes zonas faciales se pueden tratar por separado. Falso. Todas las zonas del rostro están interrelacionadas. Por ello el tratamiento de una puede afectar la expresión de otras. Por ejemplo, el tratamiento aislado de las «patas de gallo» puede elevar de forma no natural las cejas.
5. La técnica de inyección es igual en hombres y mujeres. Falso. Si nos fijamos, las cejas de una mujer presentan forma en arco, manteniendo una distancia entre la ceja y el párpado superior. Sin embargo, en la cara de un hombre las cejas no tienen forma de arco, sino que son lineales. Además, en el hombre la distancia entre la ceja y el párpado no es grande. Es fundamental mantener esta distribución si no queremos dar un aspecto femenino a un hombre o una mirada masculina a una mujer.

¿En qué consiste la técnica?

La toxina botulínica se aplica mediante inyección, produciendo una relajación del músculo donde es inyectado. No deja cicatrices ni produce inflamación alguna. El dolor es mínimo. No es necesario anestesia. Los efectos se notan a los cuatro o cinco días.

¿Es seguro el bótox?

Sí. La toxina botulínica se ha empleado desde hace más de veinticinco años para el tratamiento de alteraciones oftalmológicas y neurológicas con gran seguridad y eficacia. Actualmente millones de personas realizan este tratamiento con fines estéticos.

¿SE PUEDE MEJORAR LA NARIZ SIN CIRUGÍA?

La nariz es un elemento fundamental en la estética de la cara. A medida que envejecemos la nariz se va haciendo un poco más grande y «desciende» en su posición. Por otra parte hay personas que presentan irregularidades en la nariz, que producen un efecto antiestético.

Hoy se puede corregir su forma, modelándose sin necesidad de cirugía, sólo con la utilización de bótox y ácido hialurónico. Por un lado hay que relajar el músculo depresor del septo nasal, que tira de la punta de la nariz hacia abajo al sonreír, en algunas personas. Y para ello el bótox resulta el tratamiento ideal. Por otro lado hay que «rellenar» los defectos de la nariz, y para ello se utiliza el ácido hialurónico. Lo inyectamos en la base de la nariz, en la raíz y en las zonas deprimidas, consiguiendo una simetría y armonía con el resto de la cara. La técnica se realiza en menos de cinco minutos y el paciente lo tolera muy bien sin anestesia. En todo caso debe ser individualizada para cada paciente, ya que al igual que no hay dos pacientes iguales, no hay dos narices iguales.

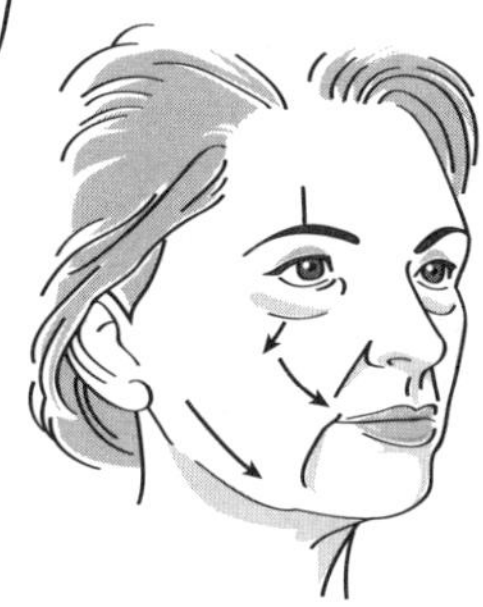

Con la edad se «caen»
las cejas, la nariz, las comisuras
de la boca, las mejillas, el cuello, etc.

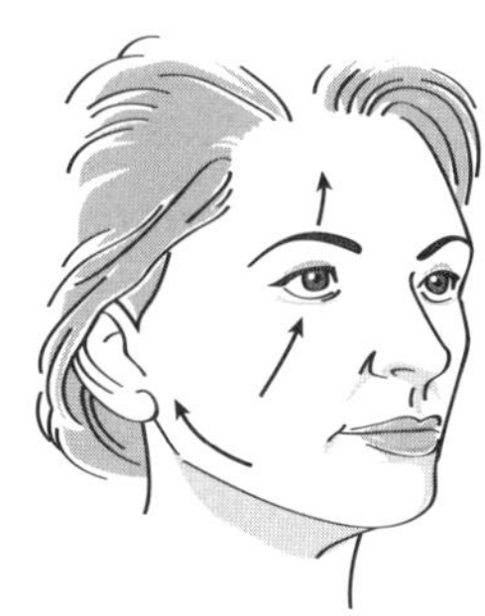

Con el bótox se consigue un efecto lifting
de toda la cara.

La infiltración no requiere preparación ni importantes cuidados posteriores. Sin embargo, requiere mucha precisión y técnica porque si se relajan músculos con la toxina botulínica de forma inadecuada, el resultado puede ser una alteración no sólo estética, sino funcional.

¿Es posible conseguir una mirada natural?

No sólo es posible, sino que es el objetivo. Cuando se empezó a utilizar bótox el objetivo era eliminar todas las arrugas de la cara. El resultado era, en muchos casos, una cara sin expresión, una mirada no natural, con una elevación artificial de las cejas. Sin embargo, hoy no se pretende eliminar todas las arrugas de la cara sino conseguir una distribución más armónica de los distintos elementos (cejas, párpados, etc.).

¿Es posible obtener un efecto *lifting*?

Así es, la última virtud descubierta es su capacidad para producir un suave efecto *lifting* sin cirugía, de una forma rápida, segura y eficaz.

Con el paso del tiempo los músculos depresores de la cara empiezan a tener más fuerza, «tirando» hacia abajo de los diferentes elementos faciales (cejas, boca, papada, mejillas...). Esta acción se ve favorecida por el efecto de la gravedad y por la pérdida de actividad de los músculos elevadores, también debido a la edad. El resultado es una cara con aspecto cansado, triste y apagado.

Esta nueva técnica consiste en inyectar el bótox en determinados músculos de puntos estratégicos de la cara, para aumentar la acción de los músculos elevadores y lograr así subir las cejas, boca, papada, nariz y mejillas recuperando la tensión de dichas estructuras para revertir la acción del tiempo de una forma natural.

¿Cuánto duran los efectos?

Los efectos duran entre tres y seis meses, pero a medida que una persona repite dichos tratamientos, la duración de los efectos es cada vez mayor. A partir de los 65 años los resultados son menos efectivos.

Otras aplicaciones

El bótox es muy eficaz en casos de hiperhidrosis (sudoración excesiva) tanto axilar como palmar y para la corrección de asimetrías causadas por parálisis.

¿Se puede complementar con otras técnicas?

Así es. En concreto, recomendamos su combinación con láser Fraxel, radiofrecuencia y ácido hialurónico para obtener un resultado de rejuvenecimiento global.

¿Para qué zonas se utiliza bótox?

Todas las zonas con arrugas se producen por contracciones musculares. Sobre todo en el entrecejo, la frente, alrededor de los ojos y alrededor de la boca. También puede usarse en el cuello (platisma) para hacer desaparecer las antiestéticas bandas que forman los músculos del cuello, que se conocen con el nombre de «cuerdas de violín».

> TÉCNICA ESTRELLA: ÁCIDO HIALURÓNICO + BÓTOX
>
> Con los años la piel pierde firmeza, los contornos se desdibujan y aparecen las arrugas. Las dos manifestaciones más importantes de este envejecimiento son:
>
> - La pérdida de volumen en determinadas zonas, con la consiguiente disminución de pómulos y la aparición de ojeras, surcos nasogenianos, depresiones en la parte inferior de la boca, etc.
> - La «caída» de las cejas, la nariz, la boca, la línea mandibular, etc., que está provocada por la mayor fuerza de los músculos depresores de la cara.
>
> Hoy la mejor arma para combatir esos signos es el tratamiento preventivo del envejecimiento facial por medio de la combinación de ácido hialurónico y bótox:
>
> - El ácido hialurónico «rellena» esa pérdida de volumen de una forma natural, eliminando las «sombras» provocadas por la pérdida de volumen que aparecen en la cara. Además, como su efecto es temporal (dura alrededor de diez meses), la técnica debe repetirse y así poder adaptarnos a las necesidades del paciente en cada momento, consiguiendo una mayor naturalidad en los resultados.
>
> →

- El bótox «relaja» los músculos depresores, para que los músculos elevadores tengan más potencia, realizando el llamado «*lifting* con bótox». De esta forma «educamos» a la musculatura facial para evitar la flaccidez de los distintos elementos de la cara. El ácido hialurónico da soporte a este efecto «elevador» del bótox.

La combinación de estas dos técnicas se realiza en toda la cara para conseguir resultados naturales. No se trata de «eliminar» arrugas, sino de dar una sensación de frescura y descanso a la mirada. Esta combinación es especialmente útil en la nariz: con el ácido hialurónico se corrigen las irregularidades de su forma y con el bótox se relaja el «músculo depresor del septo nasal» con lo que se eleva la punta.

Este tratamiento básico debe realizarse dos o tres veces al año, y el único riesgo que entraña es la ocasional aparición de mínimos hematomas. Además, se puede asociar el uso de radiofrecuencia para «tensar» los tejidos o el empleo del láser Fraxel para disminuir las arrugas y dar más calidad a la piel.

MICRODERMOABRASIÓN Y *PEELING*

¿En qué consiste la microdermoabrasión?

La suave abrasión producida por el uso de microcristales de aluminio elimina las capas «muertas» de la piel, renovando las capas más superficiales y obteniendo una piel más luminosa y fresca. La técnica, totalmente indolora, consiste en aplicar sobre la piel una pequeña aspiración y simultáneamente pasar por la zona aspirada microcristales de aluminio a alta velocidad, los cuales producen un efecto de «limado» físico de la piel tratada.

La aplicación dura menos de treinta minutos y el número de sesiones depende de las necesidades de cada paciente, pero se suele recomendar un tratamiento al mes.

Inmediatamente después del tratamiento el paciente puede realizar su vida normal.

¿Y el *peeling*?

Consiste en aplicar una solución química sobre la piel para que penetre en ella. A continuación la piel se descama, eliminándose las capas más superficiales con el fin de que sean sustituidas por otras nuevas.

Ambas técnicas consiguen sus resultados a través de diferentes mecanismos. Una, la microdermoabrasión, por la acción física de los microcristales, y la otra, el *peeling*, por acción de un producto químico. En ocasiones utilizamos ambas técnicas en el mismo acto médico, potenciándose el efecto de ambas.

¿Cuál es su objetivo?

La microdermoabrasión y el *peeling* son tratamientos ideales para suavizar arrugas ligeras, manchas de sol superficiales, puntos negros y pequeñas irregularidades de la piel.

¿Son seguros estos tratamientos?

Son algunas de las técnicas estéticas más seguras en dermatología cosmética.

¿Qué sustancias se utilizan en el *peeling*?

En un *peeling* químico se utilizan diversas sustancias: ácido tricloroacético, salicílico, glicólico o azelaico, peróxido de benzoilo, ácido kójico, etc.

¿Qué tipo de *peeling* utilizar?

Los hay de tres tipos: superficial, medio y profundo. El *peeling* debe ser un tratamiento personalizado para cada paciente y su intensidad debe estar relacionada con la profundidad de las lesiones.

El superficial tiene por objeto mejorar arrugas finas, manchas y acné en pacientes que no desean o no pueden permitirse una descamación visible, ya que sólo deja un ligero enrojecimiento que desaparece en varias horas. Puede aplicarse en intervalos de quince días. Ejemplos: los *peeling* de ácido glicólico y ácido salicílico.

El *peeling* medio va destinado a mejorar las arrugas superficiales, así como las lesiones pigmentadas extendidas y cicatrices de acné superficiales. Provoca un enrojecimiento mayor y una descamación más visible, de una semana de duración aproximadamente. Un ejemplo sería el *peeling* de ácido tricloroacético al 35 por ciento.

El *peeling* profundo se emplea para mejorar las arrugas más marcadas, las cicatrices más profundas y las manchas solares. Tras su aplicación aparece un enrojecimiento intenso temporal que dura de siete a diez días y una descamación intensa. La vida social normal puede verse alterada durante aproximadamente dos semanas. Se realiza en una sesión. Un ejemplo sería el *peeling* de fenol. Es el que obtiene resultados más espectaculares.

¿Cómo se consiguen los mejores resultados?

Lo ideal es combinar estas técnicas con bótox (para tratar las arrugas de expresión), con ácido hialurónico (para mejorar los surcos y revitalizar la piel) y radiofrecuencia-Thermacool (para mejorar la flaccidez).

LOS *PEELINGS* NO MEJORAN LA FLACCIDEZ

Según un estudio presentado por el doctor Brody, de la Universidad de Atlanta, los *peelings* químicos superficiales (ácido glicólico, etc.) no mejoran la flaccidez. Para llevarlo a cabo se realizaron una serie de biopsias y estudios histológicos a personas antes y después de realizar *peelings* superficiales que demostraron la mejoría del colágeno de la dermis. Como conclusión las

→

palabras del doctor Brody son elocuentes: «Desafortunadamente las campañas de marketing confunden al asegurar que los *peelings* químicos superficiales producen una mejoría de la flaccidez, lo que no es cierto. Sólo los *peelings* químicos profundos de fenol producen esa mejoría». Por tanto, el verdadero papel de los *peelings* superficiales es reducir la capa córnea (la más externa de la epidermis), con lo cual ayudan a disminuir las hiperpigmentaciones (manchas), cicatrices y arrugas superficiales, y a tener una piel más fresca y luminosa. La gran ventaja de estas técnicas es que el paciente puede reincorporarse a su vida laboral o social inmediatamente.

LÁSERES Y OTRAS FUENTES DE LUZ

Láser son las iniciales de *Light Amplification by Stimulated Emission of Radiation*, que se traduce como luz amplificada por emisión estimulada de radiación. Esto quiere decir que es una luz de alta energía de una sola longitud de onda que es absorbida por los tejidos que queremos tratar respetando los tejidos que no queremos dañar.

La tecnología láser se ha desarrollado especialmente en especialidades como la dermatología o la oftalmología porque puede tratar selectivamente determinadas lesiones sin dañar el tejido sano. Hace dos décadas era impensable eliminar un tatuaje sin dejar cicatriz, o un angioma sin dejar secuelas. Es un campo apasionante dentro de la dermatología, con un gran futuro y con múltiples aplicaciones no sólo en el campo de la dermatología estética, sino también para solucionar problemas cutáneos médicos.

Los láseres que más se utilizan son los de depilación, los que «borran» tatuajes, y los que tratan «manchas» solares, angiomas, varices y arrugas. El problema de los láseres es que no existe uno solo que valga para todo, sino que para tratar cada patología necesitamos un láser distinto. Por ejemplo, si queremos eliminar un tatuaje tenemos que usar una longitud de onda distinta para cada color del tatuaje. El motivo reside en que cada pigmento absorbe la energía a una determinada longitud de onda. Si queremos eliminar «manchas» o depilar mediante láser tenemos que usar longitudes de onda que sean absorbidas por la melanina (por eso sólo se depila el vello negro). Si queremos eliminar una vena o un angioma debemos usar longitudes de onda que sean absorbidas por la hemoglobina (componente de los glóbulos rojos que están en el vaso sanguíneo).

¿Por qué se han puesto de moda? En primer lugar por su eficacia. En segundo lugar porque existe una fobia a las agujas en general y el láser permite realizar intervenciones sin necesidad de «pinchar» al paciente, con mínimos riesgos si es utilizado en unas indicaciones muy concretas y por especialistas bien formados en la materia. En este sentido se puede caer en el error de pensar que todo debe ser tratado con láser. Algunos pacientes, por ejemplo, quieren que se les quite un lunar o un papiloma con láser. Sin embargo, es importante saber que los lunares por lo general deben de quitarse con cirugía y no con láser, entre otras cosas porque permite analizarlos. En el caso de los papilomas existen otras técnicas más baratas y eficaces como la crioterapia (tratamiento con nitrógeno líquido o frío).

Láser de depilación

La depilación por láser produce un calentamiento de la matriz pilosa (responsable de la producción del pelo) que provoca la inactividad del folículo en la producción del pelo.

El número de sesiones depende del área tratada, de la densidad del pelo y del ciclo del propio pelo. Para obtener máximos resultados se suelen necesitar de cuatro a siete sesiones. El tiempo de cada sesión también varía según la zona. Unas axilas pueden realizarse en cinco minutos y unas piernas en treinta minutos.

1. *¿En qué zonas se puede aplicar?*

En cualquier zona, aunque no todos los pelos se eliminan con el empleo de un único tipo de láser. El profesional que lo aplica debe saber elegir el que, según la morfología del pelo y la piel, sea el más eficaz. Las zonas que mejor se depilan son axilas, ingles y piernas, lográndose una disminución del vello superior al 85 por ciento en tres o cuatro sesiones espaciadas.

2. *¿Es seguro?*

El tratamiento es seguro pero debe siempre ser aplicado por personal médico cualificado y con un control dermatológico estricto. La impericia en el manejo de estos láseres puede provocar quemaduras, cicatrices o alteraciones en el color de la piel.

¿CÓMO FUNCIONA LA DEPILACIÓN LÁSER?

Los láseres que empleamos en la depilación descargan su energía en estructuras que tengan melanina, como es el pelo o folículo piloso. Por ello deben emitir una luz con una longitud de onda que sea absorbida por ésta pero no por otros pigmentos. En el caso de la melanina, las longitudes de onda próximas al infrarrojo son las más adecuadas (700-1.400 nm). Esta energía lumínica, al ser absorbida por la melanina, es transformada en energía térmica, que es lo que va a dañar el folículo piloso.

Cuanto más grueso y pigmentado es el pelo (como ocurre en el caso de axilas o ingles), mayor es la absorción de la energía y, por tanto, mejor es el resultado de la depilación. Por otro lado, el pelo canoso o poco pigmentado (rubio, pelirrojo) no es apto para la depilación con el láser, y el pelo fino (por ejemplo, vello facial) tiene una respuesta peor.

Un factor importante a tener en cuenta es el hecho de que en la epidermis también existe melanina y, por lo tanto, a fin de evitar un daño en la piel, a la vez que destruimos el pelo es necesario que la piel de la zona en la que vamos a realizar la depilación esté lo más blanca posible. Cuanto más morena es la piel más difícil es la depilación, por el mayor riesgo a presentar efectos secundarios, como quemaduras, o alteraciones transitorias de la pigmentación, como la hiper o la hipopigmentación, y es necesario emplear energías más bajas durante el tratamiento. Por este motivo se recomienda no realizar sesiones de láser si la piel está bronceada, ya sea por exposición reciente al sol o a rayos UVA o por el empleo de autobronceadores.

Además es importante, por los riesgos que hemos comentado anteriormente de alteraciones en la pigmentación, evitar la exposición solar las primeras semanas tras el tratamiento o utilizar fotoprotectores de alta potencia.

3. *¿Qué cuidados debo tomar antes de la técnica?*

En caso de que la piel esté «morena» antes del tratamiento, se pueden producir pequeñas irritaciones. Por ello es importante protegerse del sol antes y después de cada tratamiento.

4. *¿Duele?*

La técnica puede producir una ligera sensación de dolor, tolerable en la mayoría de los casos. Dicho dolor puede ser minimizado aplicando una crema anestésica dos horas antes sobre la zona a tratar.

5. *¿Cómo queda la piel después del tratamiento?*

Puede aparecer un ligero enrojecimiento que dura unos minutos. Normalmente las personas se incorporan inmediatamente a sus actividades habituales.

En el mercado existen varios tipos de láseres para la depilación: láser Alejandrita, láser Neodimio-Yag, láser diodo, luz pulsada intensa, etc.

¿ME PUEDO DEPILAR CON LÁSER EN VERANO?

Si la depilación se realiza cuando estamos morenos, el láser puede confundirse y quemar también la piel, puesto que ésta tiene una mayor concentración de melanina. Con el fin de evitar «quemar» la piel a la vez que destruimos el pelo, es necesario que la piel de la zona en la que vamos a realizar la depilación esté lo más blanca posible.

→

Aquellas personas que se encuentren en mitad de un tratamiento de depilación láser deben evitar tomar el sol antes de acudir a la sesión y emplear cremas fotoprotectoras siempre que la piel esté expuesta a los rayos solares. Además es importante evitar la exposición solar durante las primeras semanas tras el tratamiento y utilizar fotoprotectores de alta potencia, con factor de protección superior a 15.

Es aconsejable realizar una última sesión tres semanas o un mes antes del inicio de las vacaciones y volver a reiniciar el tratamiento una vez que haya desaparecido el bronceado.

Si durante este periodo es necesario depilarse, se deben evitar aquellas técnicas de depilación que arranquen el pelo «de raíz», ya que esta «raíz» pigmentada del pelo es importante para que el láser sea eficaz. El rasurado y el empleo de cremas depilatorias constituyen una buena opción.

Para aquellas personas que se están planteando iniciar un tratamiento de depilación con láser, aconsejamos realizarlo pasado el verano.

Láser para cuperosis y angiomas

La cuperosis es la aparición de lesiones rojas y dilataciones vasculares en la cara, que pueden ser únicas en forma de araña (*spider*) o múltiples (cuperosis). Los angiomas son malformaciones congénitas de tamaño variable que pueden aparecer en cualquier parte del cuerpo, en el nacimiento o poco después de nacer.

1. *¿Cuál es el tratamiento más eficaz para eliminarlas?*

Actualmente la tecnología láser es la mejor opción para el tratamiento de los angiomas o puntos rubíes, cuperosis, *spiders* o arañas vasculares, porque coagula de manera selectiva los capilares dilatados, sin dañar la piel.

El tratamiento dura escasos minutos. Inmediatamente después el paciente puede maquillarse y continuar su ritmo de vida. Normalmente se necesitan dos sesiones para tratar dichas venitas.

Si la cuperosis está asociada a granitos, el cuadro se denomina rosácea, y requiere además tratamiento médico asociado.

2. *¿Se utiliza el mismo láser para tratar todas estas lesiones?*

No. Existen en el mercado diferentes láseres vasculares para el tratamiento de cada uno de estos tipos de lesiones (Candela V-Beam, Diolite KTP-532, Nd-Yag, etc.). Esto permite tratar diferentes tipos de piel, así como distintos tipos de lesiones vasculares.

3. *¿Es seguro?*

Absolutamente. Estas técnicas se aplican sin necesidad de anestesia. Posteriormente, puede existir una ligera inflamación o aparecer un hematoma transitorio y, muy raramente, presentar costras.

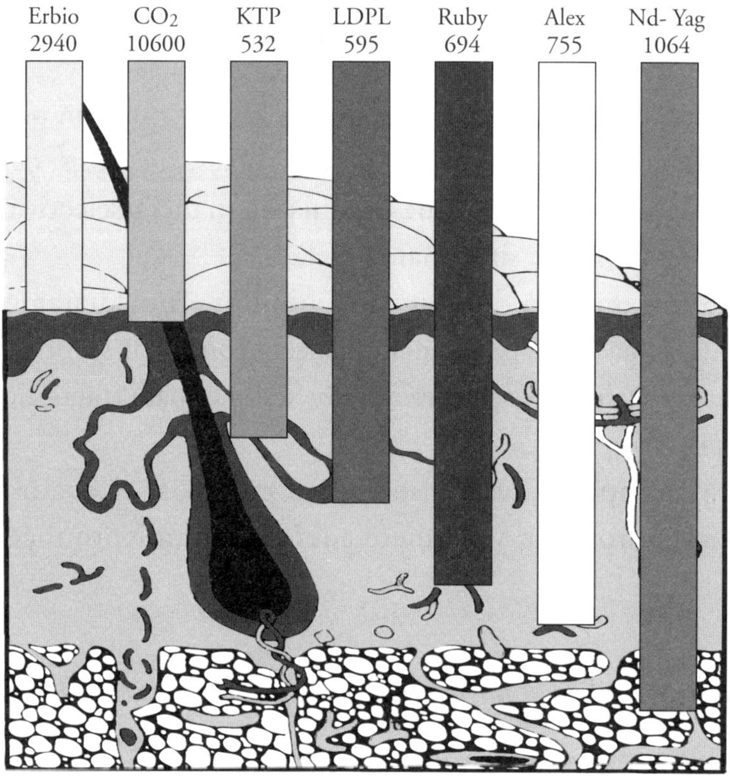

Cada láser tiene una longitud de onda diferente.
En función de ésta, su penetración varía.

4. *¿Qué cuidados requieren?*

Se recomienda la aplicación de una crema con antibiótico y antiinflamatorio los días posteriores y no se prohíbe el uso del maquillaje. Además, es importante que el paciente no esté moreno y que no se exponga al sol en las semanas siguientes.

5. *¿Es doloroso?*

No. Suele ser muy bien tolerado. Puede existir un enrojecimiento de la zona tratada durante aproximadamente cuatro o cinco días.

Láser para la eliminación de manchas

1. *¿Cómo se eliminan las manchas solares?*

Antiguamente se utilizaba la crioterapia o láseres agresivos. Actualmente se utiliza un láser (láser Q-Switch) que emite pulsos cortos de energía y que «destruye la mancha» sin dañar la piel sana. Posteriormente el sistema inmunológico elimina ese pigmento de la mancha, evitando así la aparición de cicatrices.

2. *¿Se pueden eliminar todas las manchas?*

Las manchas solares (lentigos) desaparecen fácilmente con una sola sesión, tanto las de la cara como las del dorso de las manos. Sin embargo, las manchas hormonales frecuentes en mujeres jóvenes no mejoran con láser sino con mascarillas despigmentantes.

3. *¿Es doloroso?*

No. Algunos pacientes experimentan ligeras molestias, pero no se necesita anestesia local. El tratamiento es muy seguro, y no existe riesgo de cicatriz. Normalmente sólo se necesita una sesión para eliminarlas totalmente, aunque en ocasiones hace falta un pequeño retoque al mes.

4. *¿Qué ocurre después del tratamiento?*

Las manchas tratadas en la cara permanecen irritadas cinco días, pero las del dorso de las manos o los brazos permanecen irritadas hasta dos semanas después del tratamiento. Durante este periodo el paciente puede utilizar maquillaje.

Láser de tatuajes

1. *¿Qué tipos de tatuajes existen?*

Los tatuajes se dividen en tres tipos:

- Tatuajes decorativos realizados con aguja y tinta china, o con una «pistola» especial que inyecta tintas de distintos colores.
- Tatuajes cosméticos («micropigmentación»), para pigmentar la línea del ojo o del labio.
- Tatuajes traumáticos, que son los producidos en accidentes. Se componen de polvo, arena o metralla.

2. *¿Cómo se eliminan?*

Antiguamente se utilizaba la cirugía o la dermoabrasión. Actualmente se utiliza un láser (láser Q-Switch) que emite pulsos cortos de energía que destruyen el pigmento del tatuaje para que lo elimine nuestro organismo posteriormente.

3. *¿Se pueden eliminar todos los tatuajes?*

Los más fáciles de eliminar son los tatuajes negros y los realizados con agua y tinta china. Cuando son de múltiples colores el tratamiento es más difícil; en estos casos se puede eliminar un 90-95 por ciento del tatuaje.

4. *¿Cuántas sesiones se necesitan?*

Los realizados con pistola necesitan de cuatro a seis tratamientos y el resto de tres a cuatro. Las sesiones se deben realizar cada seis semanas.

5. *¿Es doloroso?*

No. Algunos pacientes experimentan ligeras molestias, pero normalmente no se necesita anestesia local.

Láser Fraxel: un nuevo tipo de láser no agresivo

Es un nuevo tipo de láser no agresivo que actúa eliminando la piel envejecida que, una vez renovada, presenta un aspecto más hidratado y terso; con ello se mejoran arrugas (del labio superior o «código de barras», periorbitarias...), manchas y cicatrices de acné. Además, es un tratamiento seguro en zonas no faciales como cuello, escote y manos.

El láser Fraxel presenta una verdadera innovación en el mundo de los láseres. Antes teníamos que elegir entre un largo periodo de recuperación y riesgos de infecciones o cicatrices (láseres de CO_2) o bien resultados casi imperceptibles (láseres no agresivos). Ahora, este láser permite una mejora notable, tratando conjuntamente la textura de la piel y las manchas

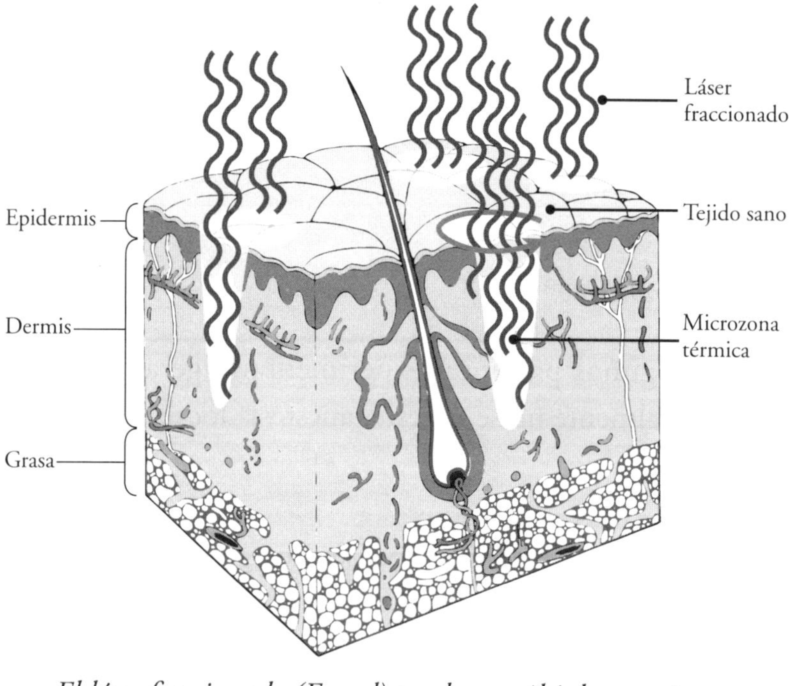

El láser fraccionado (Fraxel) produce múltiples «agujeros» en la piel (microzonas térmicas) dejando tejido sano que facilita la rápida cicatrización.

solares y de edad, permitiendo a los pacientes maquillarse y volver al trabajo el día siguiente al tratamiento.

Lo innovador de este láser es la posibilidad de realizar múltiples «agujeros» microscópicos en la piel (microzonas térmicas), dejando zonas de piel sana entre un punto y otro. La fracción de la piel que va a ser tratada permite al láser actuar más profundamente (epidermis y dermis), estimulando así la producción de colágeno y permitiendo que la zona no tratada facilite una rápida regeneración del tejido intervenido, pudiendo así actuar incluso en las zonas más sensibles. En 1 cm^2 se realizan más de 2.000 de estos «agujeros».

La piel no tratada empezará el proceso natural de regeneración de la piel con tejido nuevo y sano que ocupará el lugar de las imperfecciones, produciendo colágeno nuevo y una nueva epidermis en veinticuatro horas.

La mejora será inmediata y progresiva, alcanzando el resultado óptimo seis meses después de la última sesión. Inmediatamente después de cada tratamiento la piel tendrá un aspecto bronceado, señal de que la dermis está trabajando en la regeneración de los tejidos y hay una alta circulación de sangre. Durante esta fase es imprescindible el uso de un protector solar con factor mínimo de protección 30. También se recomienda mantener la piel hidratada.

1. *¿En qué consiste la técnica?*

El láser Fraxel actúa eliminando capas superficiales de la piel de manera fraccionada; es decir, aunque tratemos toda la cara, el láser actúa únicamente sobre un pequeño porcentaje de ella, del 12 al 20 por ciento, en cada sesión. De esta manera el tejido que queda entre zonas tratadas se encarga de regenerar rápidamente las capas externas de la piel; como consecuencia, apenas es necesario un tiempo de recuperación, y se minimiza la aparición de efectos secundarios.

2. *¿Cuántas sesiones completan el tratamiento?*

El tratamiento completo consta de cuatro a cinco sesiones en función del problema que queramos resolver. Además, permite un tratamiento a la carta; por ejemplo, podemos ser más

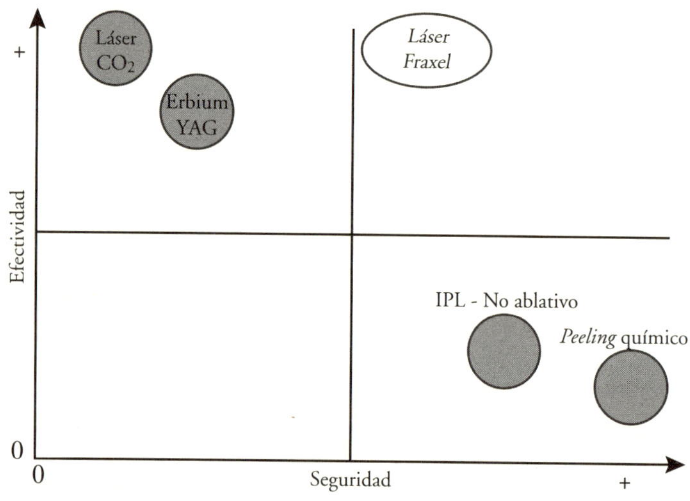

La efectividad y la seguridad son los dos factores que determinan la calidad de un tratamiento médico estético. Recientes estudios llevados a cabo en Estados Unidos concluyen que el láser Fraxel consigue el mejor equilibrio entre ambas variables.

agresivos para tratar cicatrices profundas de acné o ser más suaves en el tratamiento de arrugas finas.

3. *¿Es doloroso?*

Los pacientes sienten una intensa sensación de calor que rápidamente se disipa gracias a la combinación de un sistema refrigerante durante el tratamiento y a la aplicación previa de una crema anestésica.

Generalmente el área tratada queda enrojecida durante unos 3 días. Según la intensidad del tratamiento, la zona toma una tonalidad bronceada que se debe a la eliminación de las capas de piel tratada y que indica una buena evolución del mismo. Tanto el enrojecimiento de un principio como el bronceado posterior pueden ser fácilmente disimulados con el uso de maquillaje, por lo que no interfieren en las actividades normales.

4. *¿Cuándo empiezan a notarse los resultados?*

Tras las dos primeras sesiones apenas se notan cambios pero a partir de la tercera empieza a apreciarse la mejoría y ésta es progresiva a lo largo de las siguientes sesiones. El resultado máximo se percibe seis meses después de la última sesión.

5. *¿Puede combinarse con otras técnicas?*

Recomendamos su combinación con radiofrecuencia para conseguir un rejuvenecimiento facial global. Por un lado el láser Fraxel mejora la calidad de la piel eliminando manchas, atenuando arrugas y dando un aspecto luminoso e hidratado a la piel, y por otro la radiofrecuencia mejora la flaccidez y tensa la piel de la cara.

También da muy buenos resultados su combinación con bótox para relajar arrugas de expresión y rellenos de ácido hialurónico.

Láser para varices

1. *¿Cómo se pueden tratar las venas de las piernas?*

Dos de los métodos más efectivos son el láser y la escleroterapia. Lo ideal es combinar ambas técnicas ya que cada una resuelve específicamente un tipo de problema; de esa forma se consiguen unos óptimos resultados sin necesidad de cirugía.

2. *¿En qué consiste el tratamiento con láser?*

El láser «coagula» el vaso sanguíneo, eliminándose éste posteriormente por el propio organismo. En ocasiones dicho tratamiento puede producir un ligero dolor que, sin embargo, podemos minimizar mediante la aplicación de una crema anestésica dos horas antes sobre la zona a tratar. Para realizar el tratamiento disponemos de diferentes tipos de láser: láser Neodimio-Yag y láser V-Beam.

Los vasos sanguíneos tratados aparecen ligeramente enrojecidos. Este enrojecimiento puede durar de dos a cinco semanas. Conviene no exponerse al sol durante este periodo. Normalmente el tratamiento completo requiere entre dos y cuatro sesiones. El periodo entre cada sesión es de seis semanas.

3. *¿Qué es la escleroterapia?*

Es la inyección dentro del vaso sanguíneo, mediante una pequeña aguja, de un producto esclerosante. Dicho producto actúa de forma casi inmediata «secando» el vaso sanguíneo, que posteriormente es eliminado por el organismo. Este tratamiento únicamente produce una ligera molestia en el momento del pinchazo.

Una vez esclerosado el vaso sanguíneo, se realiza un vendaje compresivo que debe mantenerse aproximadamente una semana. Una vez quitado, debemos evitar la exposición solar. El tratamiento puede requerir varias sesiones en función de las características de cada paciente.

4. *¿Son definitivos los resultados?*

Los resultados del tratamiento, tanto con láser como con escleroterapia, resultan muy efectivos sobre las venas tratadas. Sin embargo, no previenen la aparición de nuevas venas.

La terapia fotodinámica

Se utiliza para tratar enfermedades de la piel y de otros órganos que puedan ser alcanzados por la luz. Constituye una alternativa no agresiva para el tratamiento de determinados cánceres, y hoy se utiliza también en el rejuvenecimiento facial.

Este tratamiento consiste en la aplicación de una crema fotosensibilizante (reacciona ante la luz) sobre el tejido afectado, seguida de la emisión en esa zona de una fuente de luz roja. Esta luz activa la fabricación de un tipo de oxígeno que es tóxico y destruye las células enfermas sin alterar las células sanas. La TFD es un procedimiento muy selectivo porque la crema sólo es absorbida por las células enfermas o tumorales, y la luz roja sólo activa las células que han captado esa crema.

La TFD es una alternativa a la cirugía, para tratar tumores de piel y cánceres incipientes de vejiga, pulmón y esófago. En el caso de la piel, la utilizamos principalmente en queratosis actínicas (lesiones precancerosas), carcinomas basocelulares superficiales y algunos carcinomas espinocelulares. También se utiliza esta técnica por su efecto rejuvenecedor en la piel.

1. *¿Qué es el rejuvenecimiento fotodinámico?*

Se trata de la aplicación con fines cosméticos de una segura técnica dermatológica como es la terapia fotodinámica. Dicha técnica está dirigida al tratamiento de lesiones precancerosas y cancerosas, en muchos casos incluso antes de que puedan verse. Así, con su aplicación cosmética, no sólo conseguimos mejorar el aspecto de nuestra piel, sino también su salud, ya que elimina las células malignas.

L OBJETIVO DE LAS TÉCNICAS DE DERMATOLOGÍA COSMÉTICA ES AYUDAR HOMBRES Y MUJERES A REJUVENECER CON ELEGANCIA Y DISCRECIÓN, SIN RENUNCIAR OR ELLO A LAS MEJORAS QUE APORTAN LAS PRÁCTICAS MÁS VANGUARDISTAS. A NUEVA ERA SE ALEJA DE LA CIRUGÍA Y APUESTA POR LA NATURALIDAD.

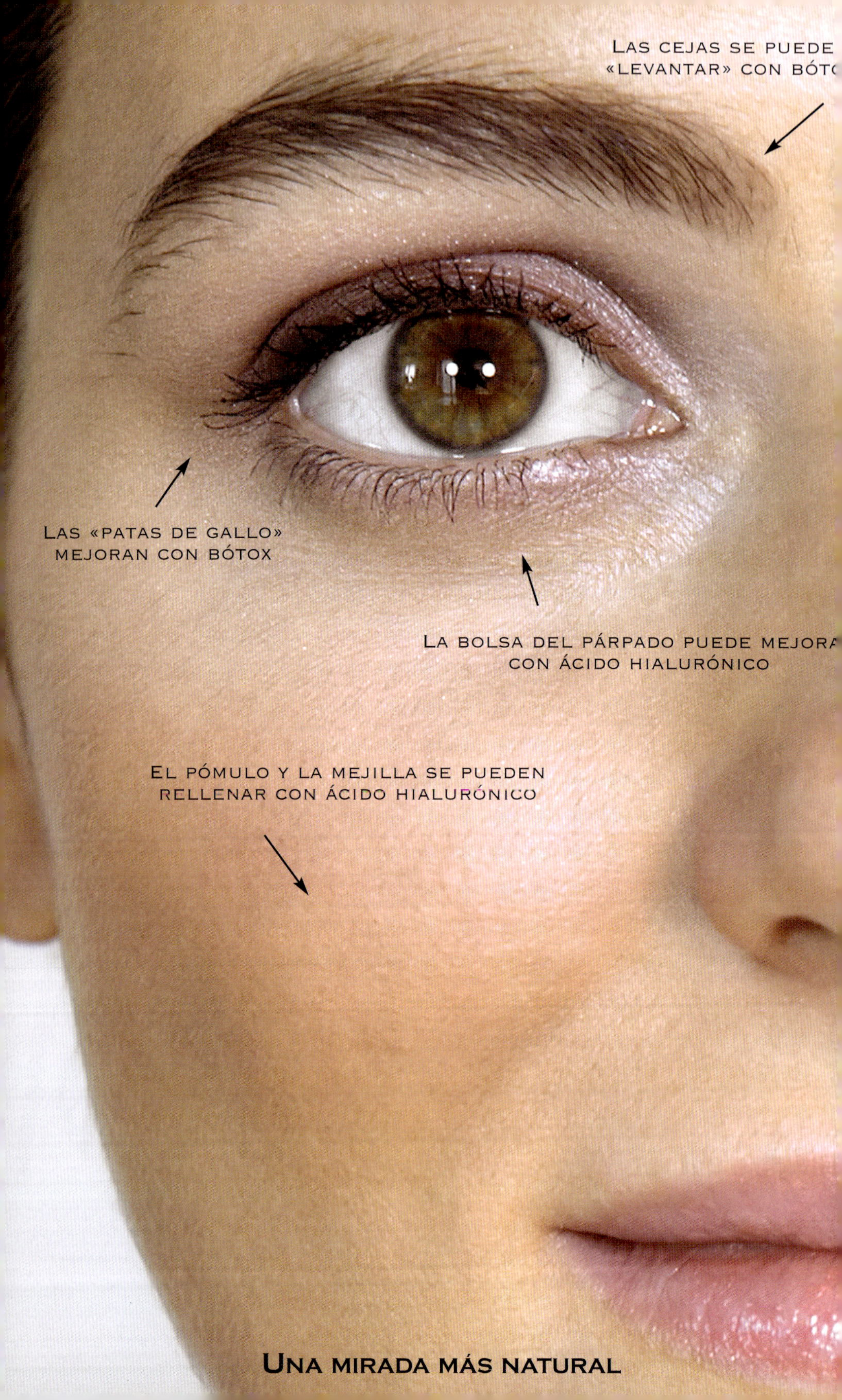

Una mirada más natural

Una boca más joven

Un cuello más firme

Las manchas de las manos mejoran con el láser Q-Switch

Las arrugas mejoran con el láser Fraxel

El volumen puede mejorar con la inyección de ácido hialurónico

No nos olvidemos de las manos

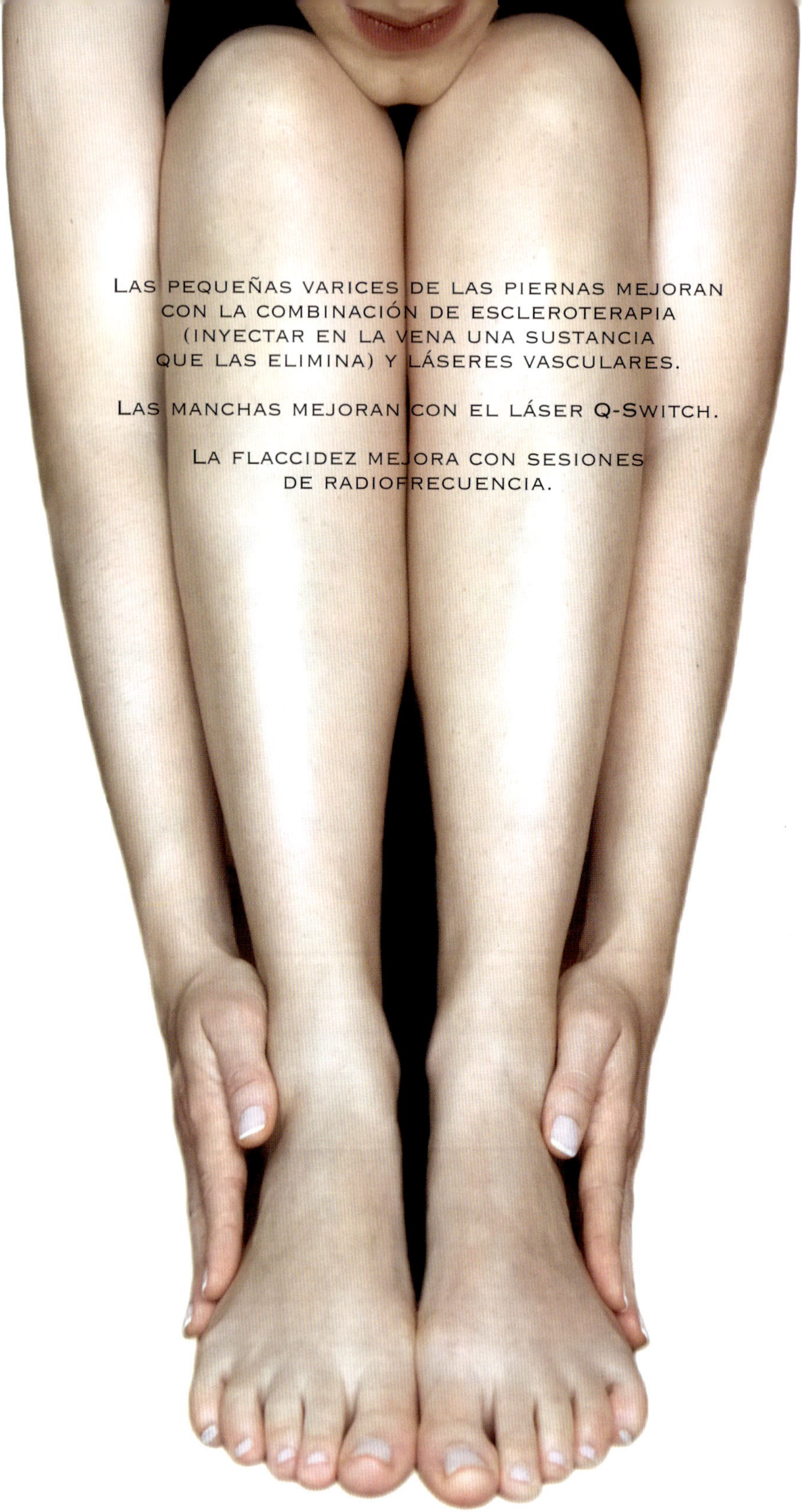

Las pequeñas varices de las piernas mejoran con la combinación de escleroterapia (inyectar en la vena una sustancia que las elimina) y láseres vasculares.

Las manchas mejoran con el láser Q-Switch.

La flaccidez mejora con sesiones de radiofrecuencia.

Piernas siempre bellas

Para la pérdida de pelo hormonal, el mejor tratamiento externo es el uso de minoxidil.

Como tratamiento oral, lo mejor son los fármacos «antiandrogénicos», que actúan en el folículo disminuyendo el efecto de las hormonas responsables de la caída del pelo.

Las inyecciones de vitaminas y los láseres no han demostrado tener ningún valor científico en el tratamiento de la caída del pelo.

Un cuidado especial durante el embarazo

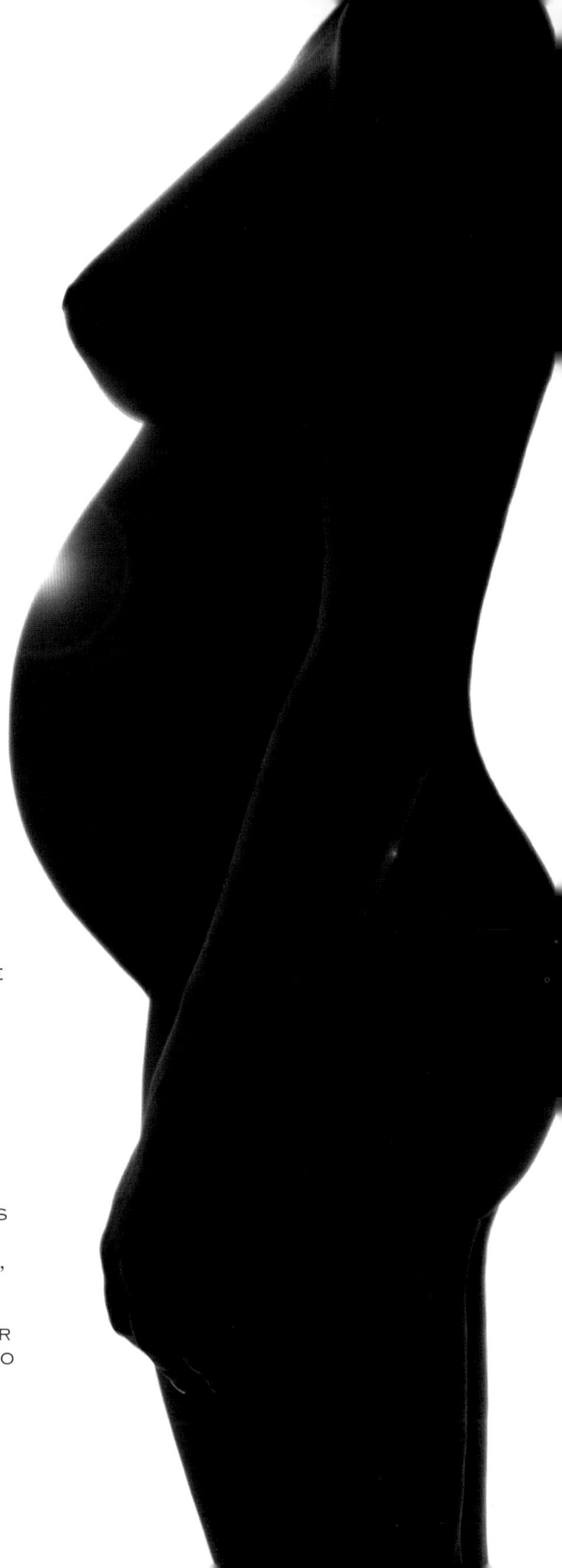

Lo más importante durante el embarazo es evitar el sol y usar cremas de protección con factor 15 como mínimo. El melasma o mancha hormonal es la alteración más frecuente durante el embarazo

Se deben evitar las cremas que contengan derivados de la vitamina A (retinoico, etc.)

Los lunares pueden crecer mucho durante el embarazo

2. *¿En qué consiste el tratamiento?*

El tratamiento completo consta de tres sesiones espaciadas a lo largo del año. En cada una de ellas se aplica una crema fotosensibilizante sobre la piel para, tras un tiempo de espera, exponerla a una luz especial que actúa activando dicha crema. Durante el tratamiento el paciente tiene una sensación de calor y hormigueo que cesa al apagar la luz. Tras la sesión, el área tratada queda enrojecida durante unos pocos días. Sin embargo, esta reacción es menos intensa a medida que se van realizando las sucesivas sesiones.

Tras el tratamiento se eliminan lesiones precancerosas y cancerosas; la superficie cutánea presenta un aspecto luminoso, hidratado, con disminución del diámetro de los poros y una mejoría de las arrugas finas. En definitiva, con esta técnica se logra una piel no sólo más bella sino también más sana.

3. *¿Se notan pronto los efectos del tratamiento?*

Los resultados son progresivos desde la primera sesión. No son cambios radicales ni alteran la expresión pero a los pacientes se les nota esta mejora en la calidad y el aspecto de la piel.

EL «REJUVENECIMIENTO FOTODINÁMICO»:
UNA TÉCNICA DESCRITA POR DERMATÓLOGOS ESPAÑOLES

El «rejuvenecimiento fotodinámico» se ha convertido, sobre todo en Estados Unidos, en una técnica habitual para la prevención y tratamiento del fotoenvejecimiento y del cáncer de piel. →

> Los signos visibles del fotoenvejecimiento son la aparición de venitas, manchas, arrugas superficiales, pérdida de elasticidad de la piel y, en algunos casos, la aparición de cáncer y precáncer de piel.
>
> En 2002 el doctor Ruiz Rodríguez y su equipo de la clínica Ruber publicaron un estudio en la prestigiosa revista *Dermatology Surgery* en el que se había utilizado la terapia fotodinámica con luz pulsada intensa para rejuvenecimiento.
>
> El estudio se realizó en diecisiete pacientes, con un seguimiento de tres meses. La técnica fue muy bien tolerada, con resultados estéticos excelentes, sin cambios en la pigmentación ni formación de cicatriz. El doctor Ruiz denominó a la técnica «rejuvenecimiento fotodinámico» y desde entonces se realiza en muchos hospitales de todo el mundo.

Radiofrecuencia

La radiofrecuencia es un tipo de corriente eléctrica alterna que resulta eficaz para tensar la piel de brazos, abdomen, glúteos y piernas. Existen varios sistemas en el mercado que se basan en el uso de la radiofrecuencia. Entre los más conocidos se encuentran: el Thermacool, el Accent, el Thermalipo, el Vela, etc.

Durante el procedimiento con los diferentes dispositivos, el paciente suele experimentar una sensación de calor o pequeña molestia que se alivia normalmente en minutos, quedando un cierto enrojecimiento de la zona, que suele desaparecer en unas horas. El número de sesiones varía según el dispositivo: así, con Thermacool basta una sola, aunque puede repetirse al año; con Accent alrededor de cinco.

1. *¿Cómo actúa sobre la flaccidez?*

La energía en forma de calor de la radiofrecuencia provoca varios efectos. Por un lado tensa los tractos fibrosos que sujetan la piel y la grasa a planos musculares, ejerciendo así una acción reafirmante; por otro lado contribuye a la formación de nuevo colágeno. El calor a nivel del panículo adiposo mejora la vascularización, con lo que favorece las reacciones metabólicas y el drenaje linfático.

DIFERENCIAS ENTRE LAS DOS RADIOFRECUENCIAS MÁS UTILIZADAS	
Thermacool	**Accent**
1 sesión al año	4-5 sesiones al año
Dolor moderado	Muy tolerable
Resultados a los 3-4 meses	Resultado inmediato

2. *¿Duele?*

Durante el procedimiento el paciente suele experimentar una sensación de calor o pequeña molestia que se alivia normalmente en minutos, quedando un leve enrojecimiento en la zona, que suele desaparecer en unas horas.

3. *¿Cuándo se puede volver a la vida normal?*

Inmediatamente, no requiere un periodo de recuperación. Algunos pacientes pueden experimentar un ligero enrojecimiento (como una quemadura de sol) que normalmente desaparece en una hora. La técnica no exige cuidados especiales después del tratamiento.

4. *¿Puede sustituir al* lifting *quirúrgico?*

No. Los resultados con la radiofrecuencia no son comparables a los obtenidos con la cirugía. Sin embargo, tiene la ventaja de la comodidad, la seguridad y la falta de complicaciones. Es una buena opción para pacientes que rechazan la cirugía y tienen expectativas realistas.

5. *¿Se puede combinar con otras técnicas?*

La radiofrecuencia puede ser complementada por otras técnicas que perfeccionan el resultado final del tratamiento. Por ejemplo, para la eliminación de arrugas de expresión se consiguen mejores resultados con la combinación de radiofrecuencia y bótox. También es muy efectivo combinar esta técnica con distintos láseres; en concreto, el Fraxel para tratamiento de arrugas, manchas y cicatrices de acné. A nivel facial y corporal pueden combinarse también varios tipos de radiofrecuencia.

Capítulo IX

LA MEJOR COMBINACIÓN DE TÉCNICAS PARA LA CARA

La belleza es el primer regalo que hace la naturaleza a las mujeres, y también el primero que les quita.
CABALLERO DE MÉRÉ

La dermatología cosmética dispone de un amplio abanico de procedimientos destinados a proporcionar un aspecto más descansado a los rasgos faciales. Pero es importante saber qué técnicas son las más apropiadas para cada paciente.

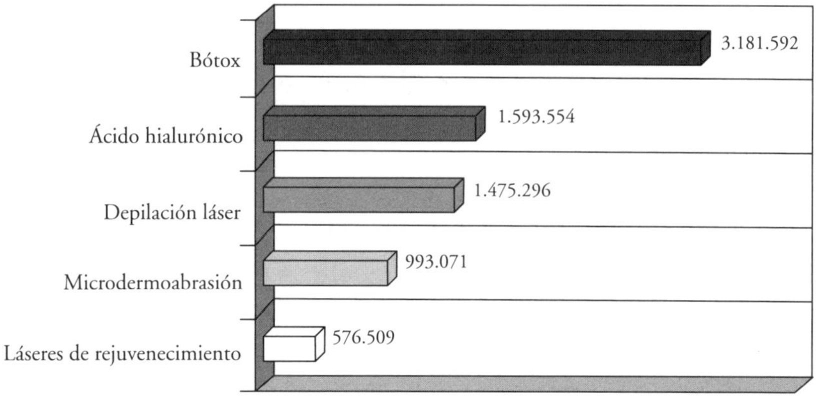

El bótox y el ácido hialurónico fueron las técnicas más utilizadas en Estados Unidos en 2006.

Es fundamental que el médico valore al paciente e individualice los tratamientos en función de las características de cada persona. Desde el punto de vista anatómico, la cara se divide en tres zonas, cuyos límites serían dos líneas horizontales imaginarias: la superior pasaría por las cejas y la inferior, justo debajo de la nariz.

TERCIO SUPERIOR

Las arrugas en el tercio superior de la cara están relacionadas con la gesticulación producida por la contracción de los músculos faciales. Los músculos de la frente y el entrecejo están constantemente activados cuando nos expresamos, al fruncir el ceño, poner cara de sorpresa y/o expresar otras muchas emociones.

La toxina botulínica (bótox) constituye el tratamiento estrella para relajar y, por tanto, suavizar las arrugas de esas zonas. La posición de las cejas va variando con la edad. La parte lateral desciende con los años, disminuyendo la distancia entre ceja y ojo, lo que produce un aspecto de cansancio que se corrige muy fácilmente con bótox.

La posición anatómica de las cejas varía entre hombres y mujeres. Los cánones actuales de belleza imponen en el hombre una ceja recta localizada a escasa distancia del párpado. Sin embargo, en las mujeres deben tener forma de «arco», manteniendo una distancia entre la ceja y el párpado superior. Por eso la técnica de inyección del bótox varía en hombres y mujeres para poder mantener esta forma anatómica de las cejas.

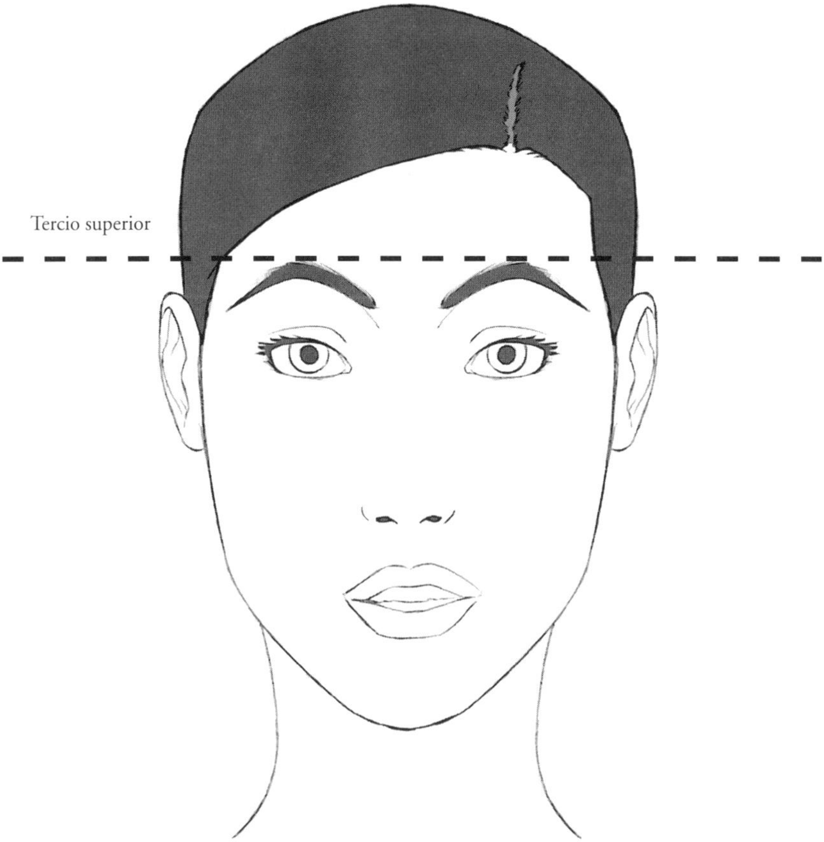

En ocasiones, en pacientes que han sido tratadas con bótox se observan unas cejas en forma de «diablo». El problema no está en el bótox sino en la forma de inyectarlo.

Con respecto a la frente, es muy importante destacar que el músculo que produce las arrugas horizontales también es el que eleva las cejas. De ahí que el objetivo cuando se trate la frente con bótox es mantener algún movimiento para evitar la caída de las cejas.

Las arrugas perioculares, comúnmente llamadas «patas de gallo», son debidas a la gesticulación y al fotoenvejecimiento. Aparecen por la contracción en forma de acordeón del músculo orbicular de los ojos. No es necesaria la completa parálisis de este músculo. Un leve debilitamiento de su actividad es suficiente para suavizarlas y dar así un aspecto de naturalidad.

La zona donde con mayor frecuencia se inyecta bótox es en las arrugas verticales del entrecejo y las horizontales que aparecen en el puente nasal, lo que proporciona una mirada más despejada debido a la ausencia de contracción muscular.

Se puede mejorar el resultado obtenido en las patas de gallo, frente, entrecejo y cejas inyectando ácido hialurónico para rellenar las arrugas y dar volumen a una zona que se va deprimiendo con los años. Además se ha comprobado que la toxina botulínica ayuda a mantener más tiempo la duración de los rellenos al dejar la zona más relajada.

TERCIO MEDIO

Los cambios en el tercio medio de la cara se deben al fotoenvejecimiento, la pérdida de elasticidad cutánea y la reabsorción de las estructuras cartilaginosas y óseas que la sustentan. Por otra parte, con los años se produce una pérdida de grasa y de densidad ósea en los pómulos; paralelamente, la grasa del contorno ocular se va degradando, produciendo las antiestéticas «bolsas».

Con la edad, también la nariz tiende a caer y se va haciendo más grande. A pesar de que la cirugía es considerada el

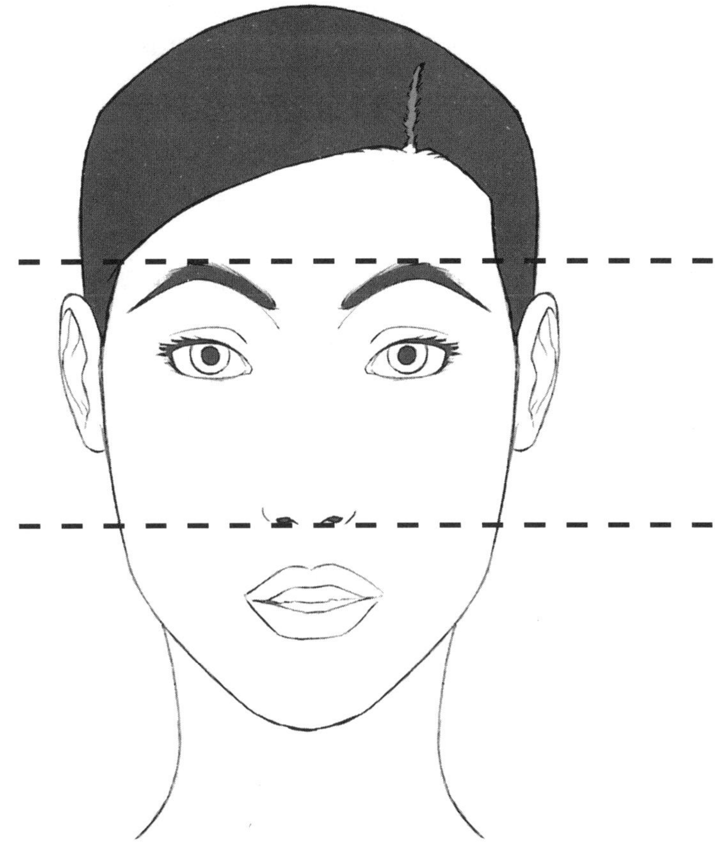

Tercio medio

tratamiento de elección para remodelar el perfil nasal, los rellenos y el bótox se utilizan para corregir pequeños defectos y hacer que ésta parezca más armoniosa. El ácido hialurónico se encarga de rellenar las pequeñas imperfecciones de la nariz de una forma rápida y segura, y el bótox de relajar el músculo depresor del septo nasal, responsable de que la punta de la nariz descienda (muy evidente al sonreír). En cinco minutos y de una forma no agresiva se puede mejorar mucho una nariz no estética con ácido hialurónico y bótox.

¿CUÁL ES EL MEJOR TRATAMIENTO NO QUIRÚRGICO PARA...?	
Patas de gallo	Bótox
Entrecejo marcado	Bótox
Arrugas en la frente	Bótox
Nariz caída	Relleno y bótox
Surco de la lágrima (ojo hundido)	Relleno
Pómulos	Relleno
Cejas caídas	Bótox y relleno
Surcos nasogenianos	Relleno y radiofrecuencia
Arrugas alrededor de la boca	Relleno y Fraxel. Fenol
Flaccidez de cara y cuello	Radiofrecuencia
Cicatrices	Fraxel
Prevención de flaccidez	Bótox, relleno y radiofrecuencia
Manchas hormonales	Mascarillas despigmentantes y Fraxel
Manchas solares	Láser de manchas
Cuperosis	Láser de venas
Piel apagada	*Peeling* y/o Fraxel

En la zona inferior del ojo con frecuencia aparece una sombra que se denomina «canal de la lágrima». Es una depresión que se va formando entre la ojera y la nariz, que nos da un aspecto de cansancio. Con ácido hialurónico se puede «elevar y rellenar» esta zona de una forma rápida y segura. También se pueden «rellenar» los pómulos y las «ojeras» con distintos materiales de relleno.

Tercio inferior

El envejecimiento que se aprecia en la zona de alrededor de la boca es debido a la contracción del músculo orbicular (que hace la función de esfínter), la inserción de los músculos que rodean la boca y la reabsorción de la grasa y de los huesos maxilar y mandibular. La pérdida de elasticidad se traduce en un aplanamiento del labio superior y desdibujamiento de su contorno.

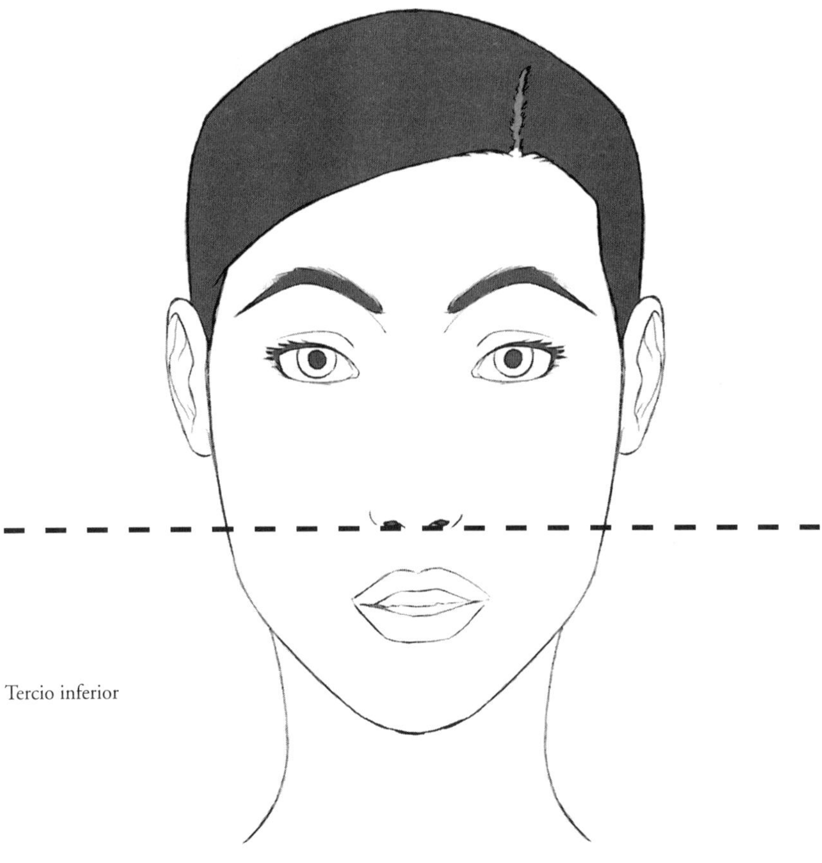

Tercio inferior

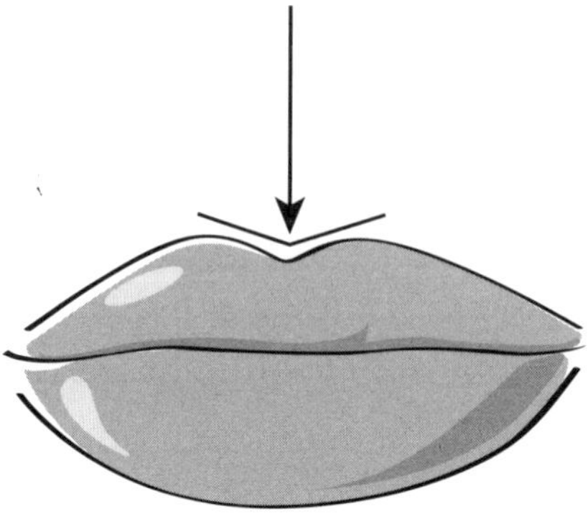

La zona central superior del labio superior debe tener forma de «v».

El labio inferior debe ser 2/3 del total y el superior 1/3.

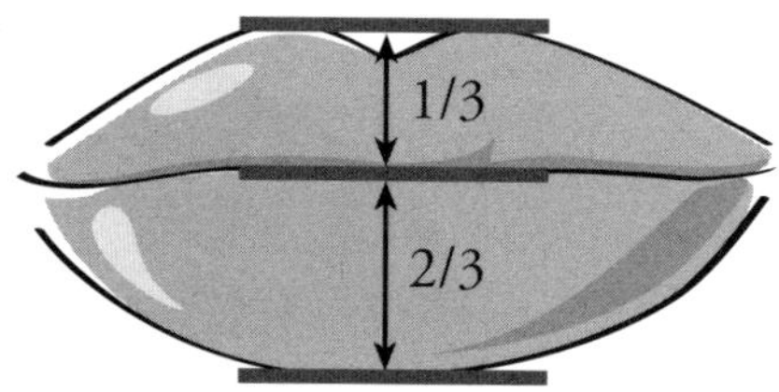

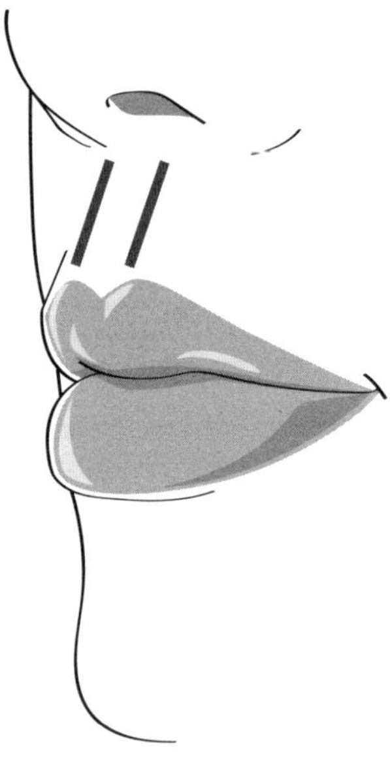

Se debe mantener el «filtro» labial, es decir, dos líneas verticales que van de la nariz al labio.

Cómo conseguir el labio perfecto.

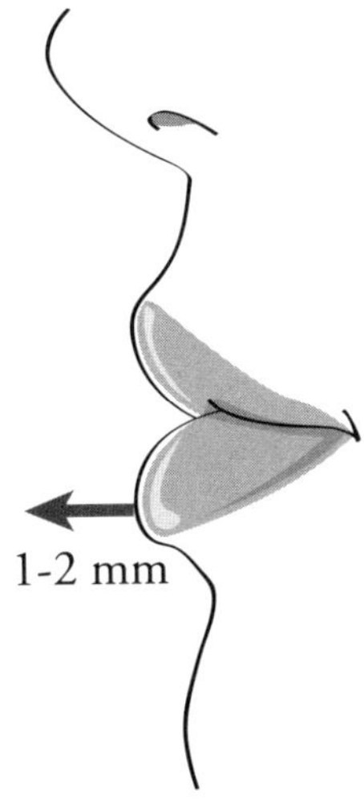

Lateralmente el labio inferior debe estar ligeramente más adelantado que el superior.

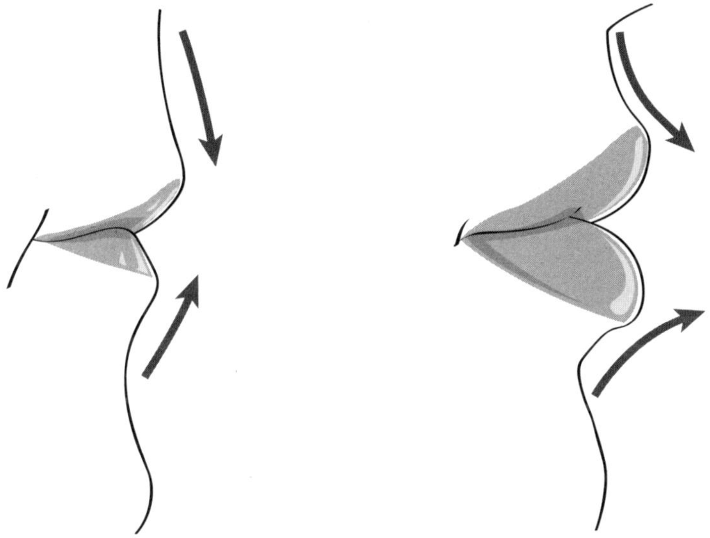

Lateralmente los labios deben describir una línea cóncava con el resto de la cara.

Cómo conseguir el labio perfecto.

Poco a poco al sonreír dejamos de enseñar los dientes superiores, que quedan «tapados» por el labio superior. También éste se hace más fino y aumentan las arrugas verticales y transversales alrededor de la boca, más evidentes en fumadores.

La piel de esta zona está íntimamente adherida al músculo orbicular de la boca. Por ello el envejecimiento labial y perioral se benefician poco de un *lifting* facial quirúrgico.

Las arrugas que van desde las aletas de la nariz a las comisuras de los labios, conocidas como surcos nasogenianos, son debidas a la inserción en profundidad de la piel a la musculatura subyacente. Igualmente ocurre con los pliegues que se forman desde las comisuras hacia la barbilla, donde están insertados los músculos subyacentes.

El tratamiento no quirúrgico de esta zona se realiza con rellenos dérmicos, toxina botulínica, láseres y radiofrecuencia. Los rellenos son el tratamiento estrella de este tercio inferior de la cara. Se pueden inyectar en los surcos nasogenianos, labios, comisuras labiales, arrugas alrededor de los labios y zonas deprimidas de la zona inferior de la boca. Curiosamente los rellenos temporales no duran mucho en personas fumadoras o que tienen una mímica muy acentuada.

El bótox también se utiliza en esta zona para relajar determinados músculos. Se puede inyectar superficialmente en las arrugas verticales que se forman en torno a la boca, así como en los músculos que «tiran» hacia abajo de las comisuras de los labios y en los que elevan el mentón y producen un aspecto de piel de naranja, y también en el cuello. Se puede inyectar junto con ácido hialurónico en una misma sesión.

El rejuvenecimiento fraccional con láser (Fraxel) constituye un buen tratamiento del tercio inferior de la cara, aunque también se puede usar en otras áreas. Este láser consigue hacer un barrido de la piel destruyendo profundas zonas de tejido denominadas microtérmicas (MTZ), que están rodeadas de áreas con piel sana. En un centímetro cuadrado se producen alrededor de dos mil «agujeros» o zonas microtérmicas. La novedad y la eficacia de esta técnica se debe a que entre columna y columna se dejan zonas microscópicas de tejido sano, lo cual hace que la cicatrización sea muy rápida, ya que no se producen complicaciones (al no hacer una herida en la piel), lo que permite que la paciente se pueda maquillar inmediatamente después del tratamiento reincorporándose a su vida normal en uno o dos días. De esta forma se consigue mejorar arrugas superficiales, cicatrices y manchas hormonales. En ocasiones realizamos tratamientos con bótox antes del Fraxel para «relajar» la musculatura de la zona y así conseguir una cicatrización más adecuada de la zona.

La flaccidez empieza a notarse en el tercio inferior de la cara. La radiofrecuencia es un tratamiento no quirúrgico que ofrece muy buenos resultados para tensar la piel de esa zona. Esta técnica calienta el tejido en profundidad provocando la formación de nuevo colágeno. Aunque los resultados no son espectaculares, es una buena alternativa en pacientes que tengan unas expectativas realistas.

Con el uso regular de estas técnicas no quirúrgicas, el dermatólogo puede conseguir un aspecto más relajado en sus pacientes. En todos los casos, resulta fundamental individualizar los tratamientos, adaptándolos a las características anatómicas de cada paciente, así como valorar sus verdaderas expectativas, algo que resulta imprescindible para conseguir los resultados esperados.

Dado que el envejecimiento es un proceso continuo, el paciente debe entender que la realización de estas técnicas no agresivas debe ser también un proceso continuo, es decir, a lo largo de los años, para conseguir resultados naturales y efectivos adecuados a cualquier edad.

Capítulo X

LA MEJOR COMBINACIÓN DE TÉCNICAS PARA EL CUERPO

Una bella ancianidad es, ordinariamente,
la recompensa de una bella vida.
PITÁGORAS DE SAMOS

Aunque la piel del rostro sufra un mayor desgaste, no es la única parte de nuestro cuerpo que envejece. Hoy la dermatología cosmética dispone de técnicas que pueden mejorar el aspecto de cuello, escote, manos, brazos y piernas.

Como hemos destacado en el capítulo VI, dedicado al sol, éste es el responsable del 90 por ciento de las arrugas, manchas oscuras y venitas que aparecen en nuestra piel. Por ello las áreas expuestas a los rayos, como el cuello, las manos y el escote, son las zonas de apariencia más envejecida.

CUELLO Y ESCOTE

Muchas personas presentan en la cara lateral del cuello y en el escote una coloración rojiza oscura, con pequeñas venitas y manchas diseminadas. Esta alteración se denomina «poiquilodermia» y está producida por el sol. La piel de esta zona se hace progresivamente menos elástica y comienza a atrofiarse.

La «poiquilodermia» se trata con cremas despigmentantes para disminuir la melanina en la zona afectada. Además, se pueden combinar distintos láseres para mejorar la calidad de la piel: uno vascular para eliminar las pequeñas venitas y uno específico para eliminar las manchas y pigmentaciones.

Es muy importante no ser agresivo en el tratamiento de lesiones en el cuello y el escote, ya que existe riesgo de provocar cicatrices no estéticas e incluso queloides (cicatrices sobreelevadas). Por ello los láseres que se utilizan en estas zonas son no ablativos (no agresivos) y no destruyen la epidermis. La ventaja de estas técnicas es que el paciente puede realizar una vida laboral o social normal al día siguiente del tratamiento.

Cuando el cuello padece flaccidez, la alternativa sin cirugía más eficaz es la llamada «radiofrecuencia» (Thermacool, Accent, etc.), una técnica que calienta las capas más profundas de la dermis e hipodermis, produciendo una destrucción del colágeno para que, meses después, se forme un colágeno nuevo más activo. La técnica no requiere anestesia y la reincorporación del paciente a su vida habitual es inmediata. Esta técnica no substituye a la cirugía, pero es una buena alternativa para pacientes que no quieran o no puedan operarse.

Con la edad el músculo más superficial del cuello (platisma) se va engrosando y forma unas bandas («cuerdas de violín») que dan un aspecto envejecido a la zona. Estas bandas pueden tratarse de forma muy eficaz con bótox. La toxina botulínica relaja estas contracciones musculares obteniendo un cuello más liso.

Tanto el cuello como el escote pueden tratarse con microinyecciones de ácido hialurónico. Este tratamiento, similar a la mesoterapia, hace que mejore la calidad de la piel produciendo una especie de «hidratación interna». El efecto inflamatorio de los pinchazos, unido al efecto relleno del ácido hialurónico y a su tendencia a captar agua, hace que el aspecto de la piel rejuvenezca después de dos o tres sesiones.

¿CUÁL ES EL MEJOR TRATAMIENTO NO QUIRÚRGICO PARA...?	
Flaccidez de cuello	Radiofrecuencia
Bandas o «cuerdas» del cuello	Bótox
Arrugas horizontales de cuello	Ácido hialurónico y Fraxel
Manchas de las manos	Láser de manchas
Piel envejecida de las manos	Fraxel
Flaccidez en brazos, muslos, glúteos, etc.	Radiofrecuencia
Venas en piernas	Láser y escleroterapia
Vello no deseado	Láser de depilación

MANOS

Algunos dermatólogos se preocupan por rejuvenecer la cara pero se olvidan de las manos. El dorso de las manos es un área de nuestro cuerpo muy visible y que dice mucho de nosotros.

La alteración estética más frecuente que sufren es la aparición de manchas solares («lentigos») producidas por la exposición solar. Las cremas despigmentantes no tienen mucha eficacia contra ellas. El tratamiento ideal para acabar con ellas es el láser, especialmente el Q-Switch. Éste destruye específicamente la melanina, provocando una irritación en la zona tratada que dura aproximadamente dos semanas. Con una o dos sesiones se logran eliminar las manchas, consiguiendo un aspecto más rejuvenecido del dorso de las manos. Otros tratamientos que pueden utilizarse son: la crioterapia, los *peelings*, la luz pulsada intensa y otros láseres, aunque los resultados son inferiores.

Por otro lado, la piel de las manos tiende a hacerse cada vez más fina, mostrando más acentuadas las venas y los tendones, lo que se traduce en un aspecto más envejecido de la zona. Para remediar esta alteración estética se pueden utilizar sustancias de relleno (especialmente ácido hialurónico) o bien inyectar la propia grasa del paciente obtenida de otras zonas (abdomen o glúteos).

El láser Fraxel ha demostrado ser de gran eficacia para mejorar la calidad de la piel del dorso de las manos. De una forma no agresiva consigue «limar» las arrugas superficiales y las manchas solares, dando un aspecto más rejuvenecido a la piel.

PIERNAS, BRAZOS Y ABDOMEN

La principal alteración estética que aparece en las piernas son las varices o «arañas» vasculares, vasos sanguíneos dilatados debido a un debilitamiento de sus paredes. Para eliminarlos, los dermatólogos utilizamos distintos tipos de láseres (principalmente el Nd-Yag 1064 nm). Su misión es penetrar profundamente en la piel, ya que estas dilataciones se originan en la dermis profunda. Otras técnicas que se utilizan son la escleroterapia, que consiste en inyectar una sustancia esclerosante en la vena, y el láser endovascular, que penetra directamente en el vaso. Para conseguir un buen resultado estético se deben realizar múltiples tratamientos (de tres a cinco sesiones) y en ocasiones es necesario combinar unos con otros. Es fundamental no tomar el sol por lo menos hasta un mes después de cada sesión, ya que existe el riesgo de que se formen hiperpigmentaciones o «manchas» residuales.

Con respecto a la flaccidez de brazos, piernas y abdomen conviene saber que ninguna crema consigue combatirlo. La radiofrecuencia puede ayudar en determinados casos. Se trata de una técnica que consiste en calentar las capas profundas de la piel, generando de este modo nuevo colágeno (véase capítulo VIII), logrando así un «tensado» de la piel. También puede añadirse el tratamiento con microinyecciones de ácido hialurónico. Este tratamiento, similar a la mesoterapia, hace que mejore la calidad de la piel, produciendo una especie de «hidratación interna». El efecto inflamatorio de los pinchazos, unido al relleno del ácido hialurónico y a su tendencia a captar agua, hace que el aspecto de la piel rejuvenezca después de dos o tres sesiones.

Capítulo XI

LAS EDADES DE LA PIEL

Envejecer es como escalar una gran montaña,
mientras se sube las fuerzas disminuyen, pero la mirada
es más libre, la vista más amplia y serena.
INGMAR BERGMAN

La piel es un órgano vivo y, como tal, sujeto a cambios; de ahí que su estado varíe al mismo ritmo que lo hacemos nosotros. Así, en la adolescencia, periodo de importantes cambios hormonales, su principal problema es el acné, mientras que al adentrarnos en la treintena esa preocupación ha cedido para dar paso a la aparición de las primeras arrugas. En el embarazo aparecen las manchas, estrías, varices, etc. Con los cuarenta ya cumplidos, los signos de la edad comienzan a hacerse más evidentes, lo que se traduce en una mayor relajación de los tejidos (flaccidez) y un aumento en la profundidad de las arrugas.

Hoy, podemos afirmar que las nuevas técnicas dermocosméticas son capaces de resolver las diferentes alteraciones que aparecen en la piel en función de la edad, si bien hay que tener en cuenta que esta clasificación es relativa: una mujer a los 25 años puede tener un entrecejo muy marcado y beneficiarse del tratamiento con bótox, mientras que otra de 50 puede no tener apenas arrugas de expresión. Sin embargo, existe una serie de recomendaciones generales que pueden aplicarse a la mayoría de las personas en función de su edad.

EN LA ADOLESCENCIA

El acné

Es un trastorno muy común de la piel que suele aparecer al comienzo de la pubertad. Se manifiesta por poros ocluidos (comedones abiertos y cerrados), espinillas, quistes y nódulos que afectan a la cara, cuello, pecho, hombros o espalda. Aunque en líneas generales afecta a la mayoría de los adolescentes en mayor o menor grado, también puede aparecer en personas de 40 años.

Aunque no es una enfermedad que ponga en riesgo la vida, puede alterar de manera importante la calidad de vida de quienes la padezcan al causar un importante estrés psicológico y problemas de integración social. Cuando es severo puede producir cicatrices importantes y permanentes. En tales casos, es preciso establecer un tratamiento efectivo por parte del dermatólogo.

1. *¿A quién afecta?*

Prácticamente el cien por cien de los jóvenes entre los 12 y los 17 años de edad ha tenido alguna lesión de acné, sin importar la raza. En la mayoría de los casos éste comienza a manifestarse entre los 10 y los 13 años con una duración que oscila entre cinco y diez años. Sin embargo, en ocasiones se prolonga hasta los 30 e incluso los 40 años, y a veces aparece por primera vez en estas edades.

Afecta por igual a hombres y a mujeres jóvenes pero existen algunas diferencias. Los primeros tienen más probabilidades de padecer formas más duraderas y severas que las mujeres. A pesar de ello, los hombres acuden menos al dermatólogo. En contraste, las mujeres padecen un acné más intermitente debido a los cambios hormonales asociados a su ciclo menstrual y también presentan acné inducido por cosméticos, una de las causas de que aparezca en la edad adulta.

2. *¿Cómo se produce?*

Durante la pubertad se incrementa la producción de hormonas sexuales masculinas (andrógenos) tanto en chicos como en chicas. Estas hormonas estimulan las glándulas sebáceas, produciendo mayores cantidades de grasa (en algunas personas estas glándulas son extremadamente sensibles a los andrógenos y son las principales candidatas a desarrollar un acné muy severo). Simultáneamente se produce un estrechamiento del canal por donde debe salir el sebo, impidiendo su expulsión al exterior. Cuando estas glándulas sebáceas se infectan por las bacterias habituales de la piel (*Propionebacterium acnes*), que se alimentan del propio sebo o grasa, es cuando se produce la aparición de los pequeños granos o espinillas, que son la característica de este proceso. Estas bacterias eliminan una serie de productos de desecho que son irritantes para las glándulas sebáceas, lo que ocasiona su inflamación.

Por lo tanto, el tratamiento del acné deberá resolver estos problemas: disminuir la producción del sebo, reducir la concentración de la bacteria *Propionebacterium acnes*, eliminar las sustancias de desecho en la piel y eliminar la inflamación.

MITOS EN TORNO AL ACNÉ
1. El acné se produce por una higiene pobre: falso. El lavado vigoroso con jabones agresivos sólo conseguirá irritar la piel y empeorará el acné. Sí se debe realizar una limpieza, pero utilizando productos suaves adecuados para cada tipo de piel.
2. El acné se produce por una dieta inadecuada: falso. Estudios científicos extensos y serios no han encontrado una gran relación entre la dieta y el acné. No hay ningún alimento que lo produzca o empeore. No obstante, algunos pacientes notan que ciertos alimentos afectan a su acné. En ese caso, se recomienda evitar o disminuir esos alimentos (chocolate, patatas fritas, grasas). Siempre es recomendable realizar una dieta variada y equilibrada, aunque si el acné es tratado correctamente no hay necesidad de preocuparse por la alimentación.
3. El acné se produce por el estrés: falso. La tensión ordinaria de la vida cotidiana no es un factor determinante en la producción del acné pero en ocasiones algunas personas refieren un empeoramiento en relación con un estrés excesivo. A veces las medicaciones que se prescriben para disminuir el estrés pueden causar o empeorar el acné.
4. El acné no es una enfermedad: falso. Aunque no es una enfermedad que ponga en riesgo la vida de las personas, puede alterarlas psicológicamente de manera muy importante, disminuyendo →

mucho su calidad de vida y afectando a su integración social. Además, las cicatrices que deja incrementan esos problemas.

5. El acné desaparece espontáneamente siempre: falso. Si bien hay acnés leves que pueden resolverse espontáneamente, no es lo habitual. Además es importante realizar un tratamiento correcto de forma precoz para evitar la aparición de marcas permanentes. Con los medicamentos disponibles hoy en día no hay razón para padecer acné.

3. ¿Cuáles son los tratamientos más efectivos?

Existen múltiples tratamientos para el acné según sus características clínicas y su intensidad. En la mayoría de los casos deberemos utilizar varios medicamentos simultáneamente y es habitual que se vayan cambiando algunos de ellos según la evolución.

El dermatólogo es quien debe indicar el más apropiado para cada persona y cada tipo de acné. No deben adoptarse tratamientos por iniciativa propia o porque «a un amigo o a un familiar le han ido bien». Un medicamento adecuado para una persona puede no serlo para otra.

La mejoría no suele ser instantánea ni permanente: la piel debe seguir cuidándose para evitar recaídas. El tratamiento suele ser prolongado y requiere constancia en el cumplimiento. Se divide en varios tipos (tópico, oral, quirúrgico y de las secuelas), que pueden emplearse simultáneamente.

❒ *Tratamientos tópicos* (aplicados directamente sobre la piel)
Todos los pacientes con acné requieren en mayor o menor medida medicación tópica.

Los tratamientos tópicos actúan sobre los diversos factores que producen el acné: controlan la producción de sebo, disminuyen la inflamación y eliminan bacterias. No existe un producto que actúe simultáneamente sobre todos estos factores, por lo que lo más conveniente es la combinación de varios en cada persona con mayor o menor intensidad según las características del acné.
Muchos de estos productos pueden producir irritación y descamación cutáneas que suelen disminuir con el tiempo de aplicación, pero que, en ocasiones, obligan a sustituir la medicación por irritación intensa o intolerancia.
Se dispone de una gran cantidad de sustancias que actúan eficazmente, tales como: derivados de la vitamina A (tretinoína, isotretinoína, adapaleno), antibióticos (eritromicina, clindamicina), peróxido de benzoilo, ácido azelaico, alfahidroxiácidos (ácido glicólico), nicotinamida, etc.

- *Tratamientos orales*

  Se utilizan fundamentalmente en las formas inflamatorias intensas y cuando no se produce una respuesta adecuada a los tratamientos tópicos, si bien la tendencia actual es a utilizarlos también en formas más leves para evitar la aparición de cicatrices permanentes.
  Los medicamentos más utilizados son los antibióticos orales (eritromicina, doxiciclina, minociclina), retinoides (isotretinoína) y tratamiento hormonal (estrógenos, antiandrógenos, glucocorticoides).

Para utilizar estos medicamentos es necesario estar bien informado sobre los posibles efectos secundarios y consultar siempre con el dermatólogo.

- *Tratamientos quirúrgicos*
  Existen múltiples tratamientos para mejorar las lesiones activas de acné, aunque la mayoría de estos procedimientos van encaminados a eliminar las cicatrices y manchas. Consisten en la extracción de comedones, drenaje y extirpación quirúrgica de las lesiones quísticas, inyección intralesional de corticoides, crioterapia (tratamiento con frío) y como tratamiento más novedoso, el láser para lesiones activas.

- *Tratamiento de las cicatrices*
  Para tratar las cicatrices y las pigmentaciones residuales del acné se utilizan la microdermoabrasión, *peelings* químicos (ácido glicólico, ácido salicílico, ácido tricloroacético) y diferentes láseres según el tipo y la profundidad de las cicatrices y manchas. La aparición del nuevo láser Fraxel en el tratamiento de las cicatrices del acné ha supuesto un avance espectacular, ya que la mejoría es muy grande sin necesidad de anestesia ni efectos secundarios.

- *Lo último*
  La aparición de nuevos láseres (láser V-Beam) y de la terapia fotodinámica (aplicación de una crema fotosensibili-

zante y una hora después iluminar la zona con una luz roja) son las principales novedades en el tratamiento del acné. Los resultados son muy buenos, pues aportan la ventaja de que no hay necesidad de tomar ninguna medicación.

Sin vello

Otra fuente de preocupación en la adolescencia es la aparición de vello en exceso. Con la depilación por láser este problema deja de existir. El tratamiento, que puede realizarse a cualquier edad, es permanente pero no resulta efectivo sobre el pelo de color blanco o muy claro. Requiere varias sesiones, porque debe actuar sobre el pelo en crecimiento, aunque desde la primera se notan los resultados. Para evitar manchas es necesario protegerse del sol antes y después de cada tratamiento (véase capítulo VIII).

EN LA PRIMERA JUVENTUD (20-30 AÑOS)

En este periodo todavía pueden arrastrarse problemas derivados de la adolescencia, junto a otros de nueva aparición.

Prevención de las arrugas

Comienzan a aparecer pequeñas arrugas y a marcarse las líneas de expresión. Pero en este estadio, sobre todo, debemos hacer hincapié en la prevención. Por un lado, como ya hemos comentado, evitando las causas de envejecimiento, y por otro usando cremas hidratantes y de protección solar.

En caso de que las arrugas o líneas de expresión sean más evidentes se podrían sumar otros tratamientos como:

- ❐ Rellenos con ácido hialurónico: pueden usarse para revitalizar e hidratar la piel.
- ❐ *Peeling* químicos superficiales: es una técnica en la que se aplica sobre la piel una solución química, por ejemplo ácido salicílico, ácido glicólico, etc., para arrastrar la capa más externa, y como consecuencia crear una nueva piel más suave y luminosa.
- ❐ En personas con muchas arrugas de expresión se puede comenzar el tratamiento preventivo con bótox.
- ❐ Según los casos, al final de esta década, se podría comenzar a usar cremas de retinoides y alfa hidroxiácidos, que favorecen el proceso natural de reparación de la piel, su elasticidad y textura.

Embarazo

La gestación, aunque constituye una satisfacción para la futura madre, supone una situación de estrés para el cuerpo y muchos de sus efectos se manifiestan en la piel.

Dado el gran cambio hormonal que supone un embarazo, pueden aparecer lesiones cutáneas tales como aumento de la pigmentación («manchas») o, por el contrario, pérdida de ésta en diferentes áreas; crecimiento excesivo del vello o caída del mismo; brotes de acné; estrías; varices o arañas vasculares. En general, estas alteraciones no suelen tratarse durante el embarazo, ya que muchas de ellas revierten, pero en caso de persistencia se puede recurrir a las técnicas antes descritas, o en el caso del aumento de la pigmentación a cremas despigmentantes. Dicho tratamiento consiste en la aplicación de una mascarilla facial en la consulta una vez que se haya producido el parto. Se debe mantener entre cinco y diez horas para luego retirarla. A los pocos días se comienza a usar la crema despigmentante, que se debe utilizar a lo largo de un año. Hay que tener muy presente que se debe aplicar, también a diario, un filtro solar.

Es fundamental destacar que durante el embarazo no se debe realizar ningún tratamiento como bótox, ácido hialurónico o láser.

Anticonceptivos orales

La píldora produce también cambios hormonales en el cuerpo. Como efecto secundario, puede originar cambios en la pigmentación de la piel y aparición de vello. Podemos recurrir a mascarillas despigmentantes para mejorar las manchas hormonales y al láser de depilación para eliminar el vello.

EN LA SEGUNDA JUVENTUD (30-40 AÑOS)

En esta década comienza a notarse el efecto del paso del tiempo. Empiezan a aparecer arrugas de expresión en la frente y alrededor de los ojos y la boca, se acumulan kilos de más y se hacen evidentes los primeros efectos de la exposición solar, manchas, varices, arañas vasculares, etc. Sin embargo, todavía estamos a tiempo de resolver estos pequeños problemas usando la técnica adecuada.

Arrugas y líneas de expresión

Recientemente ha nacido un nuevo concepto en técnicas de rejuvenecimiento: las no ablativas, esto es, no lesivas o agresivas. Se trata de un conjunto de técnicas que buscan corregir los signos de envejecimiento leves-moderados y los daños del sol de una forma no agresiva, con mínimos efectos secundarios y sin apenas tiempo de recuperación. Se denominan también tratamientos de la hora de comer, del inglés *lunch-time*, ya que, al tratarse de técnicas suaves, pueden realizarse durante el tiempo libre para posteriormente seguir con las actividades habituales. Aportan un importante avance, en contraposición con las antiguas técnicas que, aunque efectivas, resultaban más agresivas en cuanto a duración del tratamiento, dolor, tiempo de recuperación y, en ocasiones, acarreaban perjudiciales efectos secundarios.

A continuación vamos a describir algunas de estas técnicas, todas ellas complementarias; por lo tanto, el resultado óptimo se va a alcanzar combinándolas.

1. *Bótox*

Es la técnica estrella porque consigue mejorar las arrugas de expresión de alrededor de los ojos y la frente, puede elevar las cejas, mejora el entrecejo y tensa el tercio inferior de la cara, etc. Hoy la tendencia no es eliminar absolutamente las arrugas sino conseguir una mirada más fresca y descansada manteniendo los gestos del paciente. Es decir, se trata de conseguir naturalidad (véase capítulo VIII).

El bótox actúa relajando el músculo sobre el que asienta la piel y, por tanto, las arrugas. Su efecto no es permanente sino que requiere la repetición del tratamiento.

Recientemente se han introducido dos conceptos nuevos en relación al bótox: el *lifting* con bótox y la prevención del envejecimiento con bótox (véase capítulo VIII).

2. *Rellenos de ácido hialurónico*

Es de utilidad para suavizar las arrugas de la cara y también para rehidratar y mejorar el aspecto de cara, escote y manos (véase capítulo VIII).

3. *Microdermoabrasión*

En esta técnica se utiliza un microchorro de cristales de aluminio sobre la piel; posteriormente, éstos son absorbidos por una bomba de vacío. El objetivo es eliminar la parte más superficial de la piel, que al regenerarse lo hace con un aspecto más juvenil, por estimular la creación de nuevo colágeno (véase capítulo VIII).

4. *Radiofrecuencia*

Se trata de un sistema que transmite calor a nivel de las capas profundas de la piel, lo cual estimula la formación de nuevo colágeno y, como consecuencia, disminuye la flaccidez del tejido. Con este tratamiento obtenemos un efecto *lifting* sin cirugía. Sobre todo se usa para dar tensión a la zona de la «papada», la línea mandibular y las mejillas. En estudios recientes ha mostrado tener muy buenos resultados, disminuyendo la flaccidez en abdomen, brazos y piernas. El tratamiento resulta ligeramente molesto (véase capítulo VIII).

5. *Fotorrejuvenecimiento*

En estas edades comienzan a aparecer manchas solares, pequeñas venitas y la piel pierde luminosidad. Para mejorar estos signos utilizamos una combinación de láseres en la misma sesión (láser de manchas, láser de venas y láser de rejuvenecimiento), consiguiendo de forma no agresiva una mejoría de estos signos (véase capítulo VIII).

Pérdida de cabello

En este estadio de la vida suele aparecer en muchos hombres pero también en algunas mujeres. La causa más frecuente de caída de cabello en la mujer en esta edad es la alopecia androgenética.

Este tipo de alopecia está causada por la actuación de los andrógenos (hormonas masculinas que también están presentes en las mujeres) en el folículo piloso, en concreto la hormona dehidroepiandrosterona, presente en la sangre de todas las personas.

Esta sustancia ejerce un efecto de miniaturización progresiva del folículo piloso y una disminución de cabello en la zona central de la cabeza. El ciclo piloso se afecta, con un progresivo acortamiento de la fase de crecimiento del pelo o fase anagénica.

La mayor parte de las mujeres con este trastorno no presentan niveles elevados de andrógenos en sangre, pero sí tienen un mayor número de receptores para esta hormona a nivel del pelo, y una mayor sensibilidad a la misma.

Aunque lo habitual es encontrar niveles de andrógenos en sangre normales, es obligado realizar un estudio hormonal para descartar enfermedades endocrinas que se puedan asociar a la alopecia.

Puesto que la caída del pelo en esta alopecia es debida a alteraciones en el ciclo piloso y no hay daños en la estructura del pelo, es teóricamente reversible, sobre todo en fases iniciales.

1. Tratamiento

Los champús y lociones cosméticas para «fortalecer» el pelo no han demostrado tener ningún efecto en su crecimiento. Tampoco láseres ni masajes producen ningún efecto significativo. El sentido común nos orienta a acudir a la consulta del especialista para realizar el tratamiento más específico.

Minoxidil es la sustancia más comúnmente empleada para tratar este proceso. En primer lugar, alarga la fase anagénica, «recluta» a los folículos que están en fase de reposo y transforma el vello en pelo «terminal». Para notar estos efectos, debemos ser constantes en el tratamiento y mantener el mismo un mínimo de cuatro meses.

Otros tratamientos como los anticonceptivos orales, asociados o no a un antiandrógeno, son útiles y producen una mejoría de los síntomas en muchas pacientes.

Espironolactona, un fármaco que inicialmente se utiliza como diurético, ha demostrado tener un notable efecto antiandrogénico y se usa desde hace años para el tratamiento de esta alopecia.

Es muy frecuente encontrar varias causas asociadas en el origen de la alopecia. En estos casos el tratamiento abarca todas las posibles alteraciones detectadas y debe abordarse de una forma global.

EN LA MADUREZ (40-60 AÑOS)

Es en este periodo donde los signos de la edad comienzan a hacerse evidentes. Gracias a múltiples técnicas podemos hacer que tengamos un aspecto juvenil y saludable, acorde al dinamismo que sentimos por dentro. En esta fase debemos seguir cuidándonos, haciendo especialmente hincapié en la práctica del ejercicio físico y en una correcta alimentación, hábitos que contribuirán a mantener una buena salud y una piel en buen estado. En resumen, contribuirán a que nos sintamos bien con nosotros mismos.

Signos de la edad

Las soluciones, en este periodo de la vida, son variadas, pero lo mejor es personalizar y aplicar una combinación de las técnicas en función de las necesidades de cada paciente.

Las diferentes posibilidades son:

- Bótox para disminuir las arrugas y líneas de expresión.
- Rellenos de ácido hialurónico para mejorar arrugas y zonas deprimidas. Al ser un componente de la piel, es reabsorbible, y dura aproximadamente entre seis y ocho meses.
- Microdermoabrasión para suavizar arrugas y manchas superficiales, puntos negros y pequeñas irregularidades de la piel.
- *Peelings* químicos para rejuvenecer la piel disminuyendo manchas, lesiones solarcs y arrugas.
- En el fotorrejuvenecimiento se combinan varios láseres no agresivos consiguiendo eliminar manchas solares, pequeñas venitas (cuperosis) y además mejora la calidad de la piel de una forma no agresiva.
- El Fraxel es lo último en tecnología láser para mejorar arrugas marcadas, manchas, cicatrices de acné, etc. Estimula el colágeno de la dermis, con lo que mejora la elasticidad de la piel, y es un tratamiento seguro y eficaz también en zonas no faciales como cuello, pecho y manos.
- Radiofrecuencia para la flaccidez de los tejidos.

Varices y arañas vasculares

Las arañas vasculares se forman al romperse un conjunto de pequeños vasos sanguíneos superficiales. Pueden aparecer en cualquier parte del cuerpo pero lo hacen con más frecuencia en cara y piernas. Actualmente se están utilizando láseres (Neodimio-Yag, V-Beam) para su tratamiento que, de manera selectiva, transmiten calor a nivel del vaso que deseemos tratar originando su cierre y posterior reabsorción. Se trata de un procedimiento que no deja cicatriz y con mínimos efectos secundarios (véase capítulo XII).

CUANDO SE TIENEN MÁS DE 60 AÑOS

Hace un siglo las mujeres no vivían más allá de la menopausia. Hoy cuando una mujer llega a esta etapa le quedan más de tres décadas de vida, por lo que tenemos que estar preparados física y psicológicamente para ello.

La edad es ahora, más que nunca, tan sólo una cifra. El ejercicio, la alimentación equilibrada y los cuidados estéticos contribuyen a mantener el buen estado.

Las técnicas no quirúrgicas recomendadas a partir de los 60 años son las mismas que hemos descrito anteriormente, empleándolas de una forma combinada, y sabiendo que a estas edades no son tan efectivas.

Capítulo XII

LOS PROBLEMAS DE LA PIEL EN LA MUJER MADURA

Los primeros cuarenta años de vida nos dan el texto;
los treinta siguientes, el comentario.
ARTHUR SCHOPENHAUER

ACNÉ

Aunque generalmente afecta a los adolescentes (véase capítulo XI), también puede aparecer en la edad adulta, lo que hace que sea complicado de tratar. En este caso, es más frecuente en mujeres que en hombres y puede aparecer incluso en edades posteriores a la menopausia. Los tratamientos tópicos (en cremas) utilizados comúnmente en adolescentes, así como la toma de antibióticos o isotretinoína por vía oral, pueden no resultar eficaces en los adultos.

En la mayoría de los hombres, el acné desaparece al cumplir los cuarenta, lo que no ocurre necesariamente en las mujeres. Algunas sufren un empeoramiento durante los cinco o diez años anteriores a la menopausia debido a los cambios hormonales que se producen en esta época.

El aspecto del acné adulto varía con respecto al de los adolescentes: no suelen existir tantos comedones abiertos («puntos negros») o pústulas («granos con pus»); en su lugar aparecen pequeños quistes, duros, localizados frecuentemente alrededor de la barbilla, área mandibular y cuello. Estos microquistes pueden producir cicatrices al inflamarse.

En los años posteriores a la menopausia las mujeres se liberan de padecer acné pero con las terapias hormonales sustitutivas puede reaparecer, dado que éstas se basan en diferentes proporciones de estrógenos, progesterona y algunas veces testosterona para conseguir un balance apropiado de los niveles hormonales. En estos casos, el acné está relacionado con las dosis de progesterona y testosterona. Existen muchos tipos de terapia hormonal sustitutiva, por lo que se pueden realizar cambios o ajustes en la dosis si aparece acné al inicio del tratamiento.

Desde el punto de vista tópico (en cremas) contamos con una gran cantidad de sustancias como peróxido de benzoilo, derivados de la vitamina A (tretinoína, isotretinoína, adapaleno), ácido azelaico, alfahidroxiácidos (ácido glicólico), antibióticos (eritromicina, clindamicina), nicotinamida, etc., que actúan con eficacia. La mayor parte puede producir irritación, por lo que hay que manejarlas con precaución.

En casos de acné severo, acompañado de inflamación y cuando no se produce una respuesta adecuada a los tratamientos tópicos (en crema), se recomienda un tratamiento por vía oral. Los medicamentos más utilizados son los antibióticos orales (eritromicina, tetraciclinas y derivados como la doxiciclina y la minociclina), los tratamientos hormonales (estrógenos, antiandrógenos, espironolactona, glucocorticoides) y los retinoides (isotretinoína).

Hoy existen distintos láseres que pueden controlar este tipo de acné de una forma no agresiva y efectiva (láser V-Beam 595, láseres infrarrojos, etc.). Por otro lado, la terapia fotodinámica (una técnica que se utiliza para el tratamiento del cáncer y precáncer de piel) también ha demostrado su eficacia en este tipo de acné. Consiste en la aplicación de una crema sobre las lesiones y la posterior iluminación de la zona (de una a tres horas después) con una luz, habitualmente roja, para activar la sustancia y mejorar el acné.

Para el tratamiento de las cicatrices y las pigmentaciones residuales del acné se utilizan los *peelings* químicos, dermoabrasión, láser de CO_2 y el láser Fraxel, etc. Para obtener los mejores resultados a veces es necesario combinar varios tratamientos. El láser Fraxel ha demostrado ser de gran eficacia para reducir las cicatrices de acné de una forma no agresiva. Con cuatro o cinco sesiones se consigue mejorar en un 50 por ciento su profundidad.

MANCHAS HORMONALES (MELASMA)

Sol y hormonas son un matrimonio mal avenido. La producción de melanina es un primer mecanismo protector de la piel para minimizar la acción nociva de los rayos del sol. Sin embargo, en ocasiones, la piel puede producir demasiada melanina. Esto es lo que ocurre en el caso del melasma.

Melasma, cloasma o paño del embarazo son los nombres que se dan a la aparición de manchas o áreas hiperpigmentadas, es decir, de un tono más oscuro que la piel que lo rodea, un problema frecuente en mujeres jóvenes y de mediana edad.

Por lo general, son de coloración parduzca, irregulares, bilaterales y, con frecuencia, simétricas. Suelen aparecer en mejillas, frente y alrededor de la boca. Es muy característica su presentación en torno al bigote y menos frecuente en las áreas malar o mandibular de la cara; aparecen con más frecuencia en mujeres de tez morena y se oscurecen aún más tras la exposición solar.

Se pueden clasificar según la profundidad del pigmento: melasma epidérmico (más superficial), dérmico (más profundo) o mixto.

Lo más frecuente es que se manifiesten durante el embarazo, pero también pueden aparecer asociadas a la toma de anticonceptivos orales o a enfermedades de origen endocrino. Así pues, parece claro que en su aparición existe una gran influencia hormonal, aunque hay otras causas: uso de cosméticos, medicamentos antiepilépticos, déficits nutricionales (de hierro, proteínas y vitaminas del complejo B), disfunciones hepáticas, y factores genéticos y raciales.

A pesar de la multitud de posibles causas que las originan, se puede afirmar que la luz solar es el cofactor decisivo en su aparición.

En la mujer embarazada generalmente aparecen en el segundo mes de gestación y se acentúan según avanza el embarazo. Aunque no todas las embarazadas las sufren, sí se suman factores de riesgo (por ejemplo, embarazada con predisposición genética y que toma el sol).

Habitualmente el melasma debido al embarazo desaparece poco tiempo después del parto. En los casos no asociados al embarazo se deben investigar y corregir los factores causantes de la hiperpigmentación (suspender los anticonceptivos orales, el uso de cosméticos agresivos, tratar estados carenciales de nutrición y enfermedades hepáticas, entre otras).

Pero para no correr riesgos siempre es imprescindible la protección solar, adecuada al tipo de piel de cada paciente.

Existen casos en los que, a pesar de todo, el problema no se resuelve; entonces debemos recurrir a tratamientos más específicos (mascarillas y cremas despigmentantes y mucha protección solar, pues sin fotoprotección no hay resultados).

Un tratamiento que da muy buenos resultados es el láser Fraxel. Este tratamiento requiere de dos a cuatro sesiones para que los resultados sean visibles (véase capítulo VIII).

MANCHAS SOLARES (LENTIGOS)

También conocidas como manchas de edad, su aparición es uno de los más frecuentes signos de fotoenvejecimiento. Se trata de «manchas» de color marrón uniforme, de 0,5 a 1 centímetro de diámetro. Se localizan fundamentalmente en zonas expuestas al sol como la cara y el dorso de las manos y se asocian frecuentemente a otros signos de fotoenvejecimiento cutáneo.

Aunque se han desarrollado múltiples tipos de cremas para su tratamiento, con ninguna de ellas se obtienen resultados óptimos. Sin duda, el mejor tratamiento es el que proporcionan los láseres Q-Switch, con resultados totalmente satisfactorios. El paciente tiene que tener en cuenta que después del tratamiento la zona tratada queda irritada entre cinco días (en la cara) y dos semanas (en las manos). Tras la eliminación de los lentigos, se deben utilizar a diario cremas solares con un índice mínimo de protección 15 para impedir el desarrollo de otros nuevos.

Por último, cabe destacar la importancia de hacer un diagnóstico correcto de la lesión a tratar por parte del dermatólogo. Destacamos este hecho porque en ocasiones vemos lesiones cancerígenas que han sido tratadas con láser por médicos no dermatólogos como si se tratase de lentigos solares. Por ello el diagnóstico previo es fundamental.

OJERAS Y BOLSAS

Las ojeras acentúan el cansancio de la mirada y se forman como consecuencia de un exceso de pigmentación superficial, así como por la fragilidad de los vasos sanguíneos en el área del contorno de los ojos, la zona del rostro con una piel más frágil y delicada. La acción conjunta produce un oscurecimiento en los párpados inferiores, que se hace más evidente con la edad. Aunque las ojeras no indican necesariamente cansancio, insomnio o privación de sueño, se suelen asociar a ello. Diferentes factores como el genético, ser alérgico al polen (los ojos se friccionan con frecuencia), el tabaco y los cambios hormonales (empeoran durante la menstruación, el embarazo o con el uso de anticonceptivos orales) favorecen su aparición y empeoramiento.

Pero hay que diferenciar las «ojeras» (cambios en el color de la piel del párpado inferior) de las «bolsas» (acumulación de grasa en dicha zona). Los tratamientos de ambos procesos son distintos. A medida que envejecemos, la grasa que protege el globo ocular se traslada ligeramente, lo que puede crear un pequeño abultamiento por debajo de los ojos. El surco que se forma debajo de la bolsa da la apariencia de una ojera. Las bolsas también pueden ser consecuencia de la retención de líquidos, derivada de determinados problemas de salud como hipertensión arterial, alteraciones cardiacas, tiroideas, renales o hepáticas.

Existen cremas en el mercado cuyo objetivo es mejorar las ojeras, formuladas a base de productos despigmentantes y descongestionantes, pero hay pocas evidencias científicas de su eficacia. También se han intentado eliminar con diferentes tipos de láser y luz pulsada intensa con resultados dispares. La realidad es que hoy en día no existe un tratamiento específico realmente eficaz para eliminarlas. Lo más efectivo es el uso de láser Q-Switch y/o el láser Fraxel.

En cambio sí existe un tratamiento eficaz para tratar las bolsas de los ojos mediante cirugía: consiste en eliminar el exceso de piel y grasa de los párpados. La intervención se denomina blefaroplastia; se trata de una cirugía minimamente invasiva. Y con ella se consigue eliminar la bolsa y por consiguiente la sombra que ésta produce. La incisión quirúrgica desaparece rápidamente y apenas es visible en dos o tres semanas. Para mejorar los resultados cuando existen muchas arrugas alrededor de los ojos se recomiendan tratamientos complementarios con láseres ablativos.

ROSÁCEA

Se conoce bajo este nombre la aparición de un enrojecimiento persistente localizado en mejillas, nariz, barbilla, frente o párpados que cursa con un aumento de los vasos sanguíneos (cuperosis) y erupciones acneiformes («granitos»).

Su origen es desconocido. Afecta generalmente a mujeres entre los 30 y 50 años con la tez clara y que se sonrojan con facilidad, y con menor frecuencia a los hombres.

Los pacientes presentan un eritema («enrojecimiento») facial persistente y una piel hipersensible afectada por telangiectasias («venitas»). Aparecen brotes de pápulas y pústulas («granitos») en vez de comedones («puntos negros»). Estas personas no suelen tolerar los jabones ni determinadas cremas, y empeoran de forma manifiesta en ambientes calurosos. Los síntomas aparecen de forma progresiva a lo largo del tiempo, superponiéndose unos a otros. También puede aparecer inflamación en los párpados y en los ojos.

Existen múltiples factores que pueden causar brotes agudos de rosácea y que conviene evitar:

- Condiciones climáticas: sol, viento fuerte, frío y humedad.
- Factores emocionales: estrés y ansiedad.
- Temperatura: saunas, baños calientes, acaloramiento y ambientes excesivamente caldeados.
- Ejercicio físico.
- Bebidas: alcohol (especialmente vino tinto, cerveza, bourbon, ginebra, vodka o champán) y bebidas calientes.
- Alimentos: hígado, productos lácteos, chocolate y vainilla, salsa de soja y vinagre, verduras (entre ellas berenjenas, tomates, espinacas, judías blancas y guisantes), fruta (incluidos aguacates, plátanos, ciruelas rojas, uvas pasas, higos y cítricos) y también alimentos picantes y muy condimentados.
- Productos para la piel: algunos cosméticos y pulverizadores para el cabello, especialmente los que contienen alcohol, perfumes, esteroides de uso tópico y en general cualquier sustancia que cause enrojecimiento o quemazón.

Cada persona deberá reconocer cuáles son los factores que agravan su estado en particular, ya que no todos afectan por igual.

Existen gran variedad de tratamientos que pueden ayudar a controlar la rosácea:

TRATAMIENTOS TÓPICOS (EXTERNOS)
Resultan eficaces en casos leves y moderados de rosácea, pero pueden provocar intolerancia los medicamentos utilizados para su tratamiento, como el metronidazol, la clindamicina, la eritromicina y el ácido azelaico.
TRATAMIENTOS SISTÉMICOS (ORALES)
Los medicamentos indicados en los casos moderados y severos y en las formas leves que no responden al tratamiento tópico son la doxiciclina, la minociclina, la eritromicina, el metronidazol y la isotretinoína.
TRATAMIENTO DE LAS ROJECES Y DE LAS DILATACIONES VASCULARES
Incluso si la rosácea está correctamente tratada, las rojeces y las dilataciones vasculares probablemente no desaparezcan, aunque es importante continuar utilizando la medicación para mantener la enfermedad bajo control y prevenir su progresión. El mejor tratamiento para las lesiones vasculares («venitas») son los láseres. Es importante saber que después de corregir este tipo de lesiones pueden ser necesarios tratamientos periódicos de mantenimiento para mantener los resultados obtenidos inicialmente.

ESTRÍAS

Las estrías o marcas de estiramiento son defectos de la piel en forma de franjas o líneas, que se observan cuando una persona crece, aumenta de peso rápidamente o surgen ciertas enfermedades.

Aparecen como consecuencia del rápido estiramiento de la piel y, a menudo, se las asocia con la dilatación del abdomen debido al embarazo o durante el rápido crecimiento en la pubertad. Las localizaciones más frecuentes se encuentran en las mamas, las caderas, los muslos, los glúteos, el abdomen y los flancos del abdomen, con coloración rojiza, brillantes y delgadas, que después de algún tiempo se tornan blanquecinas y con apariencia de cicatriz.

También pueden presentarse como resultado de una formación anómala de colágeno o como resultado de medicamentos o sustancias químicas que interfieren con la formación de las mismas. Pueden estar asociadas a la administración prolongada de compuestos de cortisona, a diabetes mellitus, a la enfermedad de Cushing y al período de posparto.

Los tratamientos utilizados con cierto grado de eficacia son la microdermoabrasión y la aplicación diaria de tretinoína (ácido retinoico) en crema, siendo necesaria su aplicación en un periodo entre seis a doce meses para notar una mejoría. Si las estrías son de reciente aparición, el tratamiento con láser puede producir una ligera mejoría (incluso con sólo una o dos sesiones) de la coloración rojiza pero no suele haber grandes cambios en la textura. Si las estrías son antiguas y de coloración blanquecina, el láser Fraxel ha demostrado su eficacia en estudios publicados recientemente.

VELLO

A medida que se van cumpliendo años, se producen alteraciones en el pelo, que en el varón se manifiestan por un crecimiento del mismo en los orificios nasales, aumento de las cejas, pelo en el conducto auditivo externo y aumento en la región anterior del tórax.

En las mujeres, en especial después de la menopausia, la cantidad de vello facial se incrementa y en muchas ocasiones se vuelve más grueso y oscuro (pelo terminal). Hablamos de «hirsutismo» cuando el pelo terminal, es decir, el cabello grueso, oscuro y más largo, crece en lugares donde las mujeres no lo tienen de forma habitual: labios, mentón, pecho, espalda o abdomen. Es decir, existe una «virilización» de la distribución de ese vello. Es, por tanto, un problema exclusivo de las mujeres. En casi todos los casos genera un problema estético que muchas viven como una carga y un motivo de ansiedad o preocupación.

Cuando no hay ninguna enfermedad de base, el tratamiento va dirigido a disimular o eliminar el exceso de vello. Se puede aclarar por medio de productos específicos o utilizar tratamientos depilatorios como el afeitado, la cera o la depilación eléctrica. Una crema de reciente aparición (Vaniqa) puede disminuir la cantidad de pelo de forma eficaz y segura, pero su efecto desaparece al suspender el tratamiento.

Pero sin duda el método más eficaz es el de la depilación con láser o fotodepilación. Se precisan varias sesiones para eliminar alrededor de un 80 por ciento del pelo de la zona tratada. No todas las partes del cuerpo responden igual y los resultados suelen mantenerse durante varios años. Posteriormente, el vello puede comenzar a crecer de nuevo, si bien si lo hace suele ser más fino, claro y debilitado y en menor cantidad. Como es sabido el láser, al transmitirse a través de la melanina, sólo elimina pelo «negro» (véase capítulo VIII).

ARAÑAS Y VENAS

Las arañas vasculares o *spiders* son pequeñas dilataciones vasculares que se aprecian como un punto central rojizo, alrededor del cual hay prolongaciones radiales de vasos sanguíneos de menor tamaño, en forma de patas de araña. Suelen localizarse en la cara, las manos, el tercio superior del tronco o en las extremidades inferiores. A veces aparecen relacionadas con rosácea, y generalmente surgen por una predisposición genética, daño solar, embarazo, terapia hormonal sustitutiva o uso de cremas con corticoides.

Las *venas varicosas* son venas engrosadas que se han distendido como consecuencia de la debilidad de la pared y del aumento de presión en su interior. La mujer padece mucho más que el hombre este tipo de trastornos porque influyen en ella factores hormonales. Las hormonas femeninas provocan una debilidad de la pared venosa que puede llevar a una mayor dilatación de la misma. En las gestaciones, además del aumento hormonal ya sabido, existe un efecto mecánico de presión del útero, que ha aumentado de tamaño, sobre las grandes venas que conducen todo el retorno venoso de las piernas al corazón. Esta circunstancia provoca un sobreesfuerzo que se añade al exceso de peso soportado por las piernas durante el embarazo. También los preparados hormonales destinados al control ovulatorio en la edad fértil o aquellos otros indicados para evitar la sintomatología propia de la menopausia colaboran en la aparición precoz de las varices.

El tratamiento más eficaz de las arañas vasculares hoy es el láser, que obtiene muy buenos resultados estéticos.

En cuanto a las posibilidades de tratamiento de las venas varicosas, no existe un método ideal. Es fundamental hacer una indicación terapéutica adecuada en función de varios parámetros tales como la edad, el grado evolutivo de las varices, su localización, los factores hormonales o de riesgo, etc. Así, se pueden tratar mediante diferentes tipos de escleroterapia, láseres y cirugía.

CICATRICES

El proceso de cicatrización es la forma en que el cuerpo sana y reemplaza la piel perdida o dañada. Una cicatriz está compuesta normalmente de tejido fibroso y puede formarse por muchas razones diferentes: como consecuencia de acné, infecciones (herpes), cirugía, lesiones inflamatorias de la piel, etc. Las cicatrices pueden aparecer en cualquier parte del cuerpo y tener apariencias variables: planas, abultadas, hundidas o coloreadas, produciendo en ocasiones prurito o dolor. El aspecto final de una cicatriz depende de muchos factores, incluido el tipo de piel y la localización en el cuerpo, la dirección de la herida, el tipo de lesión previa, la edad de la persona y su estado nutricional.

Suelen mejorar espontáneamente con el tiempo. Mientras tanto, se puede utilizar maquillaje para cubrirlas. Existen determinadas técnicas dermatológicas que ayudan a hacerlas menos visibles. No obstante, el tratamiento sólo mejora su apariencia, pero no las borra por completo.

Algunos de los procedimientos que se utilizan para reducir las cicatrices son: cremas con ácido retinoico o corticoides, *peelings* físicos y químicos, dermoabrasión, diferentes tipos de láseres ablativos y no ablativos, corticoides intralesionales, inyecciones de colágeno, parches compresivos, crioterapia y cirugía. El Fraxel (fototermolisis fraccionada) ha resultado un gran avance en el tratamiento de las cicatrices de acné en la cara, ya que obtiene resultados significativos sin que el paciente tenga excesivos efectos secundarios.

Capítulo XIII

LA COMUNICACIÓN ENTRE PACIENTE Y DERMATÓLOGO

El mejor médico es el que conoce la inutilidad de la mayor parte de las medicinas.
BENJAMIN FRANKLIN

Hoy la dermatología abarca el diagnóstico y tratamiento de las enfermedades de la piel, la cirugía dermatológica, la prevención y tratamiento del cáncer de piel, etc. En los últimos años la dermatología cosmética, área que se ocupa de la prevención y el rejuvenecimiento, ha crecido enormemente debido a la aparición de técnicas efectivas y seguras.

Por otro lado es interesante observar que más del 90 por ciento de los estudios para desarrollar técnicas como el bótox, láseres o rellenos han sido realizados por dermatólogos. Sin ninguna duda, el dermatólogo es quien conoce mejor el comportamiento de la piel. Y no sólo es el mejor especialista para mejorar la piel enferma sino también para aconsejar sobre el cuidado de la piel sana. Por ello la visita al dermatólogo se ha convertido en un hecho frecuente, útil y aconsejable.

Algunos pacientes tienen unas expectativas no realistas sobre los tratamientos dermocosméticos y piensan que pueden conseguir resultados milagrosos sometiéndose a ellos. Pero más frecuente aún es constatar una falta de información en el sentido contrario: los pacientes desconocen que los dermatólogos podemos ayudar a envejecer con discreción, reivindicando el paso de los años con naturalidad, pero sin renunciar a los beneficios que estas técnicas mínimamente invasivas pueden proporcionar.

¡ANTES DE INFILTRARTE, PREGUNTA!

Dos recomendaciones básicas a los pacientes que van a someterse a una infiltración («pinchazos» en la cara para rejuvenecer). En primer lugar, solicitar al médico la composición exacta del material que le va a inyectar. No es científico ni ético decir que es una mezcla de vitaminas. Ya ha pasado el tiempo de los «cócteles milagrosos». En la medicina moderna, por seguridad y eficacia, un médico debe inyectar lo mismo en Madrid, Nueva York o Shangai. La segunda recomendación sería cerciorarse de que le van a aplicar técnicas temporales. El envejecimiento es un proceso dinámico y lo que hoy queda bien quizá dentro de cuatro años no es adecuado o se ha desplazado; sin olvidar que las técnicas temporales pueden crear problemas temporales, mientras que las permanentes crean problemas permanentes.

Por tanto, cuando una persona quiere mejorar su aspecto físico sin someterse a una intervención quirúrgica, puede acudir al dermatólogo, quien le aconsejará sobre las mejores técnicas de rejuvenecimiento adaptadas a su caso particular.

En ocasiones las necesidades subjetivas del paciente no coinciden con lo que éste necesita (por ejemplo, pacientes con secuelas de un severo acné que se traduce en terribles cicatrices en la cara y cuya mayor preocupación, sin embargo, es eliminar las arrugas de expresión). Nuestra obligación es orientarle con delicadeza y tacto para corregir previamente la alteración estética objetiva más evidente.

Por otra parte, la mala información o la falta de ésta dan una idea irreal sobre lo que la medicina puede conseguir. Hay pacientes que se sorprenden de que haya que realizar varias sesiones para eliminar una mancha, un angioma o un tatuaje. O que determinadas técnicas puedan dejar un hematoma transitorio en la zona tratada.

Por ello es fundamental una buena comunicación entre el paciente y el dermatólogo donde se valore:

- Las percepciones objetivas y subjetivas del paciente sobre sí mismo y sobre lo que quiere mejorar.
- La evaluación objetiva del dermatólogo sobre lo que se puede conseguir en cada caso desde el punto de vista técnico y estético.

Después de una exploración física del paciente, el dermatólogo debe sugerir qué opciones son las más adecuadas para cada caso. Es el momento de valorar qué puede conseguir con cada técnica, desde su duración, a los posibles efectos secundarios, el coste de cada técnica, etc.

El paciente debe entender que no existe una técnica que sirva para todo y será el dermatólogo quien le recomiende la combinación más adecuada de tratamientos dermocosméticos:

bótox para arrugas de expresión, ácido hialurónico para arrugas finas y surcos, radiofrecuencia para flaccidez, etc.

Antes de realizar cualquier tratamiento, recomendamos a los pacientes que se informen sobre:

- *La preparación del médico que le va a tratar.* En España los dermatólogos y los cirujanos plásticos, además de la carrera de Medicina, han realizado su especialidad (MIR) durante cuatro o cinco años más.
- *La técnica que le van a realizar.* Técnicas como el bótox, los *peelings* químicos, los implantes capilares y la tecnología láser (que hoy se utiliza con gran eficacia en depilación, manchas, venas, angiomas, etc.) han sido descritas y desarrolladas por dermatólogos. Por tanto, acude siempre a un especialista con prestigio, que te ofrezca las garantías y que tenga experiencia en la técnica.
- *Los resultados.* ¿Qué se puede esperar? Es fundamental que el paciente tenga unas expectativas realistas sobre lo que puede conseguir. Por ello muchas veces es interesante que el paciente vea fotos de antes y después y que sea informado, previamente a la intervención, del tiempo en que tardará en poder realizar una vida social o laboral normal.
- *Los riesgos.* Las técnicas de dermatología cosmética tienen muy pocos efectos secundarios. Sin embargo, el dermatólogo debe informar sobre ellos a su paciente.
- *El tiempo que van a durar los efectos.* Hoy se utilizan técnicas que tienen un efecto temporal: el bótox dura

de tres a seis meses, el ácido hialurónico, de seis a diez meses, etc. Las técnicas permanentes pueden producir problemas permanentes.

En resumen, el paciente debe tener una idea clara sobre lo que puede conseguir al realizar estas técnicas dermocosméticas y tiene que convertir a su dermatólogo en el «compañero» de viaje para lograr estos objetivos estéticos.

Epílogo

QUÉ VA A OCURRIR EN EL FUTURO INMEDIATO

Nada nos hace envejecer con más rapidez que el pensar incesantemente en que nos hacemos viejos.
GEORG CHRISTOPH LICHTENBERG

Hace tan sólo veinte años la dermatología cosmética no existía. Esa rama de la medicina que se dedica a tratar la piel sana y retrasar la aparición de signos de envejecimiento se ha desarrollado especialmente en los últimos años debido a la creciente preocupación de la población por mantenerse joven el mayor tiempo posible; de hecho, el empleo de bótox y rellenos ha crecido un 20 por ciento anual en los últimos cinco años... Y esto representa sólo una parte del mercado. La buena práctica de la dermatología cosmética, que se sirve de técnicas mínimamente invasivas, va perdiendo ese carácter de tabú y se va generalizando en la población. Se prevé que en un futuro próximo estas técnicas continuarán teniendo una fuerte curva de crecimiento.

En este capítulo analizaremos las técnicas dermocosméticas más demandadas, haciendo especial hincapié en sus aplicaciones futuras.

EL MONOPOLIO DEL BÓTOX

La inyección de toxina botulínica para suavizar las arrugas de expresión es la técnica cosmética más frecuentemente realizada en el mundo. Bótox (Allergan) ha disfrutado del monopolio de la toxina botulínica desde el año 2002.

Afortunadamente para los consumidores, en los próximos meses vamos a asistir a la aparición de nuevas toxinas botulínicas que prometen competir con bótox. Este hecho conllevará una indudable bajada de los precios.

Los nombres de algunas de estas nuevas toxinas botulínicas y los países de fabricación son: Dysport/Reloxina (Reino Unido), Linurase/Prollenium (Canadá), CBTX-A (China) y Neuronox/Medy-tox (Corea del Sur). Las nuevas toxinas incorporan interesantes novedades, como es la rapidez de acción y de difusión. Sin embargo, dada su reciente aparición, aún es pronto para valorar el beneficio que aportan frente a la actual. Otra interesante novedad con respecto a la toxina botulínica está relacionada con su forma de aplicación: hasta el momento sólo se puede inyectar en el músculo a través de una aguja, pero se están realizando estudios para intentar aplicar dicha sustancia a través de parches, aunque todavía no hay nada definido.

LOS NUEVOS RELLENOS

El relleno más utilizado actualmente es el ácido hialurónico. Es muy seguro, los resultados son muy naturales y su duración es de seis a ocho meses. Recientemente han salido al mercado productos con ácido hialurónico mezclado con lidocaína (un anestésico local que hace que el dolor sea menor) y pronto estará disponible el ácido hialurónico mezclado con colágeno (para aumentar la duración y la capacidad de dar volumen).

En los últimos dos años han aparecido nuevos rellenos con características diferentes y una duración mayor, y a raíz de los múltiples estudios que se están realizando se podrá determinar con exactitud las verdaderas características de los mismos. Un ejemplo es Radiesse, formado por «microesferas de calcio». El inconveniente de este material de relleno es que suele producir más hematoma y no se puede utilizar en los labios. Sin embargo, tiene mayor capacidad de dar volumen que el ácido hialurónico y su duración es de más de dos años.

Otro ejemplo es Sculpra (ácido poliláctico), que no es un verdadero relleno sino una sustancia que «genera» la producción de colágeno en la zona donde es inyectada. Dura alrededor de dos años y necesita una serie de inyecciones (de tres a seis). Los resultados no se empiezan a ver hasta seis semanas después de la primera inyección.

Artefill también es un relleno de reciente aparición compuesto de esferas de polimetilmetacrilato con colágeno y lidocaína. Requiere un test de prueba, ya que lleva colágeno y es necesario saber si el paciente es alérgico al mismo. Tampoco se puede usar en labios. Se trata de un relleno permanente.

Evolence es un relleno de última generación basado en el colágeno de cerdo y, a pesar de esto, no necesita test de prueba. Dura de doce a catorce meses. Sin embargo, se han visto algunas reacciones adversas al mismo que sugieren que se necesitan más estudios para confirmar su seguridad.

Serán necesarios estudios que demuestren que estos nuevos rellenos no sólo son eficaces, sino también seguros.

LA DEPILACIÓN POR LÁSER

Próximamente va a salir al mercado un sistema (Candela Corp.) que disminuye el dolor con gran eficacia al usar el láser de depilación. Este sistema se puede acoplar a distintos láseres y lo que hace es succionar y comprimir la piel tratada, lo cual disminuye un 50 por ciento la sensación de dolor.

La segunda novedad es el desarrollo de sistemas láser de depilación para usar en casa. Actualmente en Japón ya se vende un láser diodo para uso casero (Spectragenics) que reduce un 33 por ciento la cantidad de pelo después de tres tratamientos. Como efecto secundario se ha visto un enrojecimiento duradero de la zona.

La compañía de láser Palomar y la empresa Gillette están desarrollando conjuntamente un sistema de depilación para usar en casa, pero todavía no hay datos científicos publicados.

EL SISTEMA DE REJUVENECIMIENTO MÁS NOVEDOSO

El sistema de rejuvenecimiento de la piel más novedoso es la tecnología fraccional. Ésta, a diferencia del láser convencional, que actúa en toda la superficie de la piel a tratar (para eliminar una mancha, por ejemplo), lo hace sólo en un 20-40 por ciento del área en la que se aplica, dejando el resto de piel de esa misma zona como estaba, es decir, sin tocar, lo que proporciona una más rápida recuperación y una mayor seguridad, además de disminuir los efectos secundarios.

El pionero en aplicar esta tecnología es el llamado «láser Fraxel», cuyo objetivo es mejorar los signos de fotoenvejecimiento, como la aparición de pigmentaciones (manchas), arrugas finas y piel sin luminosidad. Próximamente van a aparecer nuevos láseres fraccionados más agresivos para mejorar arrugas y cicatrices más profundas, e incluso parece que hay resultados prometedores en el uso de la tecnología fraccionada para reafirmar la piel.

MEJORAR LA FIRMEZA

En los últimos años hemos utilizado los sistemas de radiofrecuencia (monopolar y bipolar) para mejorar la flaccidez sin cirugía. Los resultados no han sido espectaculares, e incluso siempre existía un porcentaje de pacientes, alrededor de un 30 por ciento, que no experimentaban ninguna mejoría. Sin embargo, esta tecnología es segura y está especialmente indicada en pacientes que tengan unas expectativas realistas y que rechacen la cirugía.

Ahora se está investigando en nuevos sistemas antiflaccidez, basados en distintas fuentes de energía como el láser y los ultrasonidos, que parecen obtener unos resultados muy superiores a la radiofrecuencia.

Los nuevos *peelings* de fenol producen una mejoría muy importante no sólo de arrugas, sino también de flaccidez. El problema de estos nuevos *peelings* es que el paciente está diez días con la zona muy inflamada, pero los resultados son espectaculares.

EL ETERNO PROBLEMA DE LA CELULITIS

Actualmente no hay ninguna técnica no quirúrgica que solucione definitivamente la celulitis o que elimine la grasa. Todos los sistemas que se usan están basados en alguna variación de la «endermología», que emplea la succión del tejido junto al masaje y la radiofrecuencia. Lo ideal es usar esta tecnología como ayuda a una liposucción quirúrgica o para la mejoría temporal de una celulitis inicial, pero de poco sirve en la celulitis ya instalada.

Hay muchos estudios en marcha explorando el uso de ultrasonidos, láseres y otras fuentes de energía para eliminar grasa sin cirugía. Esperemos que en los próximos años aparezca algún método realmente eficaz para reducir la grasa y eliminar la celulitis sin cirugía.

CONCLUSIÓN

En los últimos años ha aparecido nueva tecnología mínimamente invasiva que cumple con los criterios de eficacia, rápida recuperación y seguridad que se debe exigir a la aplicación de cualquier técnica dermocosmética. A medida que esta tecnología evoluciona, van apareciendo otros sistemas aptos para que el paciente las emplee en su casa. Con ellas no se obtienen los mismos resultados que se pueden alcanzar en la consulta del dermatólogo, pero pueden constituir una muy buena opción como tratamiento de mantenimiento, para completar en casa el trabajo realizado por el dermatólogo.

Preguntas al dermatólogo

A. EN GENERAL

1 *¿Es el dermatólogo el profesional adecuado para una consulta de estética?*

Un dermatólogo tiene que acabar la carrera de medicina, pasar el examen MIR, obtener un buen número (ya que es la especialidad más solicitada) y trabajar durante cuatro años en un hospital universitario como residente en Dermatología. Al acabar esos años de formación —más de diez— se obtiene el título de dermatólogo.

El nivel de calidad de la dermatología española actual es muy alto. Hoy la dermatología abarca no sólo el diagnóstico y tratamiento de las enfermedades de la piel, sino que comprende la cirugía dermatológica, la prevención y tratamiento del cáncer de piel, el láser dermatológico, la dermatología pediátrica, etcétera.

En los últimos años la dermatología cosmética ha crecido enormemente debido a la aparición de técnicas mínimamente invasivas, efectivas y seguras para rejuvenecer sin cirugía.

Es interesante observar que más del 90 por ciento de los estudios efectuados para desarrollar técnicas como el bótox, láseres o rellenos han sido realizados por dermatólogos. Es decir, el dermatólogo es sin duda el especialista que mejor conoce no sólo la piel enferma, sino también la piel sana.

2 *¿Cuántas veces al año deberíamos acudir a la consulta del dermatólogo?*

Cada vez son más frecuentes las consultas para «revisar» la piel. Existen varias razones para ello. Hay determinadas enfermedades internas que se diagnostican a través de lesiones cutáneas («la dermatología es la cara externa de la medicina interna»). Por otro lado, el mejor tratamiento del cáncer de piel, que es el cáncer más frecuente de nuestro organismo, es el diagnóstico precoz. Más del 90 por ciento se curan si el diagnóstico es precoz.

Por ello es recomendable que un dermatólogo revise una vez al año todos los lunares y lesiones de la piel, para poder detectar precozmente el cáncer de piel. En otras ocasiones las visitas se realizan con mayor frecuencia, como es el caso de pacientes con psoriasis o dermatitis, que necesitan un control más estrecho. En los últimos años la dermatología se ha convertido en una especialidad que no sólo trata de forma médica o quirúrgica las enfermedades de la piel, sino que también ha incorporado los últimos avances en láseres, técnicas mínimamente invasivas y procedimientos cosméticos no agresivos.

3 *¿En qué periodo del año es preferible consultar con el dermatólogo?*

En realidad no hay ninguna época especial para acudir al dermatólogo. En relación con la valoración de enfermedades de la piel se puede consultar en cualquier época, aunque la psoriasis suele brotar en otoño y primavera y las infecciones cutáneas son más frecuentes en verano.

En cuanto a técnicas quirúrgicas o láser, es recomendable realizarlas en meses en que no vaya a haber exposición al sol. Algunos métodos de rejuvenecimiento como el bótox, el ácido hialurónico o la radiofrecuencia se pueden realizar en cualquier época del año, incluso en verano.

4 *¿Cuál es el principal problema de piel entre las mujeres españolas?*

El acné es un problema dermatológico cada vez más frecuente no sólo en adolescentes sino también en mujeres jóvenes. En la mujer adulta suele ser de origen hormonal y en ocasiones puede dejar cicatrices antiestéticas. Existen tratamientos muy eficaces para curar este problema, como es la isotretinoína oral, que en ocasiones combinamos o sustituimos por cremas, *peelings* o láseres. Las cicatrices de acné pueden mejorar mucho con técnicas no agresivas como el láser Fraxel.

5 *¿Qué «falsos mitos» existen en la dermatología cosmética?*

Tenemos una tendencia a fiarnos mucho de las novedades. Sin embargo, es fundamental tener en cuenta que en medicina es importante «leer lo último y usar lo penúltimo». Las técnicas de dermatología cosmética deben apoyarse en estudios científicos basados en la evidencia, y no en los secretos cócteles milagrosos de vitaminas ni en técnicas no contrastadas, que pueden resultar ineficaces y, en ocasiones, peligrosas. El peligro de este aumento desenfrenado del deseo de sentirnos atractivos es ponernos en manos de profesionales que utilizan técnicas con bajo o nulo valor científico, o bien hacernos técnicas agresivas y con altos riesgos.

B. BÓTOX Y RELLENOS

1 *¿A qué edad debo comenzar a hacer este tipo de tratamientos?*

Depende de cada caso concreto. Hay pacientes de 30 años que tienen un entrecejo o unas «patas de gallo» muy marcadas y se beneficiarían de un tratamiento relajante con bótox. Y sin embargo hay pacientes que con 60 años no tienen arrugas de expresión. En esto influye mucho la genética. Pero lo habitual es comenzar estas técnicas no invasivas a partir de los 35-45 años. Es fundamental destacar el gran papel preventivo de técnicas como el bótox o el ácido hialurónico. El bótox puede «educar» nuestra musculatura para que la cara «no se caiga». El ácido hialurónico puede prevenir de una forma segura la aparición de «sombras» o depresiones en la cara. Cuando existe una gran flaccidez, estas técnicas mínimamente invasivas ya no son de gran ayuda.

2 *¿Qué es el* lifting *con bótox?*

Se trata de la inyección de bótox en determinados músculos para conseguir un efecto *lifting* en la cara.

A medida que envejecemos, los músculos «depresores» de la cara van teniendo más fuerza y van «tirando» hacia abajo de los distintos elementos de la cara como las cejas, nariz, comisuras de la boca, cuello, etcétera. Con bótox intentamos «relajar» los músculos que «deprimen» estas estructuras, para «fortalecer» los músculos elevadores. El efecto global es una cara más tersa y con menos arrugas de expresión, además de una «prevención» en el envejecimiento global. Es ideal para pacientes que presentan arrugas de expresión y un grado leve-moderado de flaccidez en cara y cuello. Normalmente inyectamos en la misma sesión zonas que tradicionalmente tratamos con bótox (entrecejo, frente, patas de gallo) con zonas estratégicas para producir el efecto *lifting*.

Se tarda aproximadamente cinco minutos y se hace en una sola sesión. La técnica es indolora. Después del tratamiento el paciente puede hacer una vida absolutamente normal. En muchas ocasiones asociamos el bótox con ácido hialurónico para dar «soporte» a las distintas estructuras de la cara.

3 *El bótox es una toxina. ¿Es seguro el bótox?*

El bótox se compone de toxina botulínica, que es una proteína que es capaz de «relajar» los músculos. La seguridad del bótox es enorme. Se lleva usando desde hace más de veinticinco años en otras especialidades como la neurología o la oftalmología y existen múltiples estudios en personas que llevan inyectándose bótox para las arrugas durante más de doce años sin ningún efecto secundario. Podemos aumentar en cuarenta veces la dosis de bótox sin producir efectos secundarios. Los problemas que pueden producirse por bótox derivan de la mala técnica de inyección.

4 *¿Por qué la mayor parte de los dermatólogos no hacen mesoterapia?*

La mesoterapia no es más que la inyección de determinadas sustancias en la dermis. Lo que no nos gusta a los dermatólogos es inyectar sustancias que no han demostrado su eficacia.

La mesoterapia utiliza múltiples sustancias como el ácido hialurónico sin reticular y combinaciones de vitaminas. El primero dura en la piel exactamente tres días, por lo que no tiene ningún efecto. Por otra parte no hay ningún estudio científico que demuestre que la combinación de vitaminas tenga algún efecto rejuvenecedor, en contra de lo que la intuición pueda sugerir.

Los dermatólogos no estamos en contra de las inyecciones en dermis (de hecho las realizamos diariamente en nuestros pacientes con múltiples sustancias) sino de la inyección de productos que no han demostrado su eficacia. Por ello, la mesoterapia está prohibida en Estados Unidos.

C. LÁSERES Y OTRAS TÉCNICAS

1 *¿Qué significa la palabra «láser»?*

Láser son las iniciales de *Light Amplification by Stimulated Emission of Radiation*, que se traduce como luz amplificada por emisión estimulada de radiación. Esto quiere decir que es una luz de alta energía de una sola longitud de onda que es absorbida por los tejidos que queremos tratar, respetando los tejidos que no queremos dañar.

2 *¿Es siempre el láser el mejor tratamiento?*

Puede existir el error de pensar que todo debe ser tratado con láser. A nuestra consulta llaman pacientes que quieren que les quitemos un lunar o un papiloma con láser y los lunares, por lo general, deben quitarse con cirugía, entre otras cosas porque ésta permite analizarlos. En el caso de los papilomas existen otras técnicas más baratas y eficaces, como la crioterapia (tratamiento con nitrógeno líquido). Otro ejemplo son las «manchas hormonales», que aparecen en mujeres jóvenes después de la exposición al sol; este tipo de manchas responde mucho mejor a un tratamiento con mascarillas despigmentantes que al láser. Por lo tanto, aunque la palabra «láser» tiene mucho *glamour*, debe ser utilizado en unas indicaciones muy concretas y por especialistas bien formados en la materia.

3 *¿Existe algún tratamiento eficaz contra la flaccidez sin cirugía?*

La flaccidez tanto facial como corporal se debe a una serie de cambios que se producen no sólo en la piel sino también en la grasa, la musculatura y los huesos, por lo que no existe un tratamiento «mágico» que corrija todas estas alteraciones.

Sin embargo, es cierto que estamos utilizando técnicas de radiofrecuencia que resultan eficaces para «mejorar» esta flaccidez de forma segura y eficaz.

La radiofrecuencia produce un efecto «tensado» en el 70 por ciento de los pacientes, siendo un tratamiento indoloro y sin efectos secundarios. El efecto beneficioso dura de tres a doce meses, en función de cada persona. Las zonas más agradecidas son la cara, el cuello, los brazos y el abdomen.

4 *¿Cuál es el futuro próximo de estas técnicas no agresivas?*

En primer lugar están los nuevos sistemas de ultrasonidos, que tienen como tejido diana el SMAS, el sistema músculo-aponeurótico superficial de la cara. Se están probando prototipos en Estados Unidos que están produciendo resultados sorprendentes en el manejo de la flaccidez sin cirugía, al producir zonas de daño térmico localizado en esta región anatómica, con el consiguiente efecto tensado de la zona.

La otra novedad se produce con los nuevos sistemas fraccionados de CO_2 de Fraxel. En el último congreso de la Academia Americana de Dermatología en San Antonio, en 2008, se acaba de presentar dicho sistema, que no sólo mejora la calidad de la piel sino que produce un efecto tensado también muy interesante, aunque se trata de una técnica semiablativa, con cuatro-seis días de tiempo de recuperación.

5 *¿El* lifting *quirúrgico acabará por desaparecer?*

Es difícil que en los próximos veinte años aparezca alguna técnica mágica contra la flaccidez. Lo que sí ha cambiado mucho es la técnica quirúrgica. Hoy la tendencia de los cirujanos plásticos es a realizar lifting menos radicales pero más frecuentes, y así conseguir resultados más naturales. Para los pacientes que no quieran someterse a cirugía existen las nuevas radiofrecuencias, que aunque no producen resultados espectaculares sí pueden ser una buena alternativa en personas con expectativas realistas.

6 *Los tratamientos de medicina estética ¿pueden crear adicción?*

La buena práctica de la dermatología cosmética, que se sirve de técnicas mínimamente invasivas, va perdiendo ese carácter de tabú y se va generalizando en la población. Se prevé que en un futuro próximo estas técnicas continúen teniendo una fuerte curva de crecimiento. Si se realizan de una forma ética y científica pueden ayudar a nuestros pacientes a envejecer con elegancia y serenidad. Estos buenos resultados pueden crear una cierta «adicción» en los pacientes debido a sus resultados naturales y predecibles.

7 *Tengo muchas arrugas alrededor de la boca, pero no quiero rellenos ni cirugía, ¿qué puedo hacer?*

En caso de envejecimiento importante alrededor de la boca es muy eficaz el nuevo *peeling* de fenol. El fenol se aplica en la zona y produce un efecto «barrido» que mejora las arrugas e incluso la flaccidez. El problema es que la piel queda inflamada durante diez días.

D. COSMÉTICA

1 *¿Cuál es el mejor cosmético que podemos comprar?*

Sin ninguna duda, el mejor cosmético es una buena crema de protección solar.

2 *¿Cómo saber cuáles son los productos que mejor se adaptan a nuestra piel?*

Básicamente las personas con pieles grasas deben usar lociones o emulsiones libres de grasa (*oil free*) y las personas con pieles secas cremas más hidratantes. Hay pacientes con rosácea o pieles intolerantes que prácticamente no resisten ningún cosmético, ya que cualquiera les irrita. En estos casos lo mejor es usar productos hipoalergénicos libres de perfumes y conservantes o incluso utilizar cuantos menos cosméticos mejor.

3 *¿Se pueden mezclar varios productos de cuidado facial? ¿En qué orden?*

El cuidado facial diario debe resultar algo agradable y sencillo. No es necesario el empleo de muchos productos distintos, ya que actualmente existen en el mercado cosméticos que combinan varias acciones, permitiéndonos ahorrar tiempo y dinero a la hora de cuidar de nuestra piel.

Sin embargo, las cremas que contienen vitamina C, ácido glicólico o alfa hidroxiácidos se usan por la mañana, y para evitar la ligera irritación que pudiera llegar a producirse es útil aplicar previamente una capa de crema hidratante, a fin de crear una película protectora sobre la piel limpia.

Existen cremas hidratantes que ya llevan un filtro solar incorporado; si no se utiliza alguna de éstas, se debe aplicar por último un filtro solar.

Los cosméticos «antiedad» que contienen retinol o ácido retinoico pueden desactivarse si se mezclan con filtros solares u otros tratamientos tópicos, por lo que se deben usar por la noche.

4 *¿Debemos tomar antioxidantes por vía oral?*

Está claro que envejecemos porque nos oxidamos, pero no lo está que por tomar muchos antioxidantes vayamos a envejecer más lentamente. Lo que sí es cierto es que las sustancias antioxidantes presentes en la dieta (frutas, tomate, curry, etcétera) son vitales para nuestra piel. Sin embargo, son necesarios estudios más definitivos para protocolizar una correcta dieta antioxidante suplementaria. Tomar muchos antioxidantes en forma de pastillas puede ser peligroso si no se hace bajo control médico, ya que pueden tener efectos sobre la coagulación, entre otras muchas posibles complicaciones.

E. ALTERACIONES DE LA PIEL

1 *¿Qué son las manchas de la edad?*

Son lesiones muy frecuentes que aparecen después de los 40 años de edad, de color marrón-negro, que usualmente se presentan en áreas del cuerpo expuestas al sol (dorso de la mano, antebrazo, hombros, cara y frente) y curiosamente no tienen relación con el hígado ni con la función hepática.

Este aumento de pigmentación está producido por el sol.

Se trata de manchas benignas que sólo tienen un efecto estético, pero, en ocasiones, pueden dificultar un diagnóstico de cáncer de piel.

La apariencia de la piel se puede mejorar aplicando lociones o cremas para quitar las manchas. El tratamiento con láser Q-Switch es el más eficaz para destruirlas.

2 *¿Por qué aparecen venitas en la cara? ¿Se pueden tratar?*

La aparición de venas en la cara (cuperosis) es más frecuente en mujeres jóvenes y pueden acompañar a otros signos de rosácea (granitos y enrojecimiento de mejillas). No se sabe con seguridad su causa exacta, pero están implicados factores hormonales y genéticos. Estas lesiones pueden ser eficazmente tratadas con el láser vascular.

3 *¿Se pueden eliminar las cicatrices causadas por el acné?*

Las cicatrices por acné son muy difíciles de eliminar totalmente. En cada caso el dermatólogo personaliza el tratamiento. Los más utilizados son los *peeling* químicos de ácido glicólico, tricloracético, aunque en ocasiones es necesaria la utilización del láser. La última novedad en el tratamiento de las cicatrices de acné es el uso del láser Fraxel, que tiene la ventaja de llegar a capas profundas de la piel dejando zonas de tejido sano entre cada «disparo», con lo que se obtienen resultados muy agradecidos y el tiempo de recuperación es muy rápido para el paciente.

4 *¿El estrés puede causar acné?*

El estrés puede provocar muchos efectos psicológicos en el cuerpo, incluidos cambios hormonales que teóricamente podrían ser la causa de acné. Pero lo más común es que el acné sea la causa de estrés en los pacientes.

5 *¿Se pueden eliminar las estrías?*

No hay ningún tratamiento maravilloso contra las estrías. Desde el punto de vista tópico, sólo el ácido retinoico ha demostrado ser algo eficaz. Con respecto a técnicas láser, recientemente se han publicado estudios que demuestran que el láser Fraxel puede mejorar estrías tanto rojas como blancas.

6 *¿Cuáles son los factores que indican que una persona es más propensa a desarrollar cáncer de piel?*

Las personas que han estado muy expuestas al sol y han sufrido quemaduras, aquéllas en cuya familia alguien haya desarrollado cáncer de piel, las de pieles claras con pelo rubio o pelirrojo y ojos claros y todas las personas que tengan múltiples lunares con formas o pigmentación irregular.

Los pacientes que tengan cualquiera de estos factores de riesgo deberían prestar especial atención a su piel y consultar a su dermatólogo siempre que noten cualquier cambio en un lunar.

7 *¿Cuáles son las formas más comunes de cáncer de piel?*

Básicamente existen dos tipos de cáncer de piel: el melanoma maligno y el epitelioma, y dentro de los epiteliomas existen dos tipos diferentes: el epitelioma basocelular y el espinocelular.

El epitelioma basocelular surge normalmente en pacientes que han tenido una exposición crónica al sol. Es el cáncer más frecuente que existe en nuestro organismo y representa un 80 por ciento de los cánceres de piel. Se caracteriza por metastatizar en raras ocasiones, pero por su capacidad de ser muy agresivo localmente. Normalmente aparece en la cabeza y el cuello, pero puede presentarse en cualquier parte del cuerpo. Si es tratado adecuadamente, este tipo de cáncer tiene una probabilidad de curación de más del 95 por ciento.

El epitelioma espinocelular es la segunda forma más común de cáncer de piel, sumando un 16 por ciento de los casos. También son comunes en pacientes que han tenido mucha exposición al sol; sin embargo, este tipo de cáncer puede tener una metástasis y ser letal si el paciente no se somete a tratamiento.

El melanoma maligno es la forma menos común de cáncer de piel y la más peligrosa. Es el que más se produce en mujeres entre 25 y 29 años de edad y el que más ha aumentado en nuestra sociedad en los últimos veinte años. Aparece en personas con piel clara, con múltiples lunares y con antecedentes de quemaduras solares.

8 *¿Qué se puede hacer para prevenir el cáncer de piel?*

En torno al 90 por cierto de los cánceres de piel tienen su origen en la inadecuada exposición al sol. Esto quiere decir que podríamos evitar el 90 por cierto de los cánceres de piel si extremáramos las medidas de protección solar. También se ha demostrado que las personas que realizan autoexploración de forma más o menos rutinaria tienen un índice de detección precoz de melanomas más elevado. Además, es conveniente que un dermatólogo revise todos los lunares de las personas de riesgo por lo menos una vez al año. En caso de sospecha de malignidad, lo correcto es quitar y analizar el lunar. El mejor tratamiento del cáncer de piel es el diagnóstico precoz.

Direcciones importantes e información sobre asociaciones, procedimientos y profesionales

Academia Española de Dermatología y Venereología
C/ Ferraz, 100, 1º izq.
28008 Madrid
Tel.: 91 544 62 84
http://www.aedv.es/

American Academy of Cosmetic Surgery
737 N. Michigan Ave., Suite 820.
Chicago, Illinois 60611
Tel: 1 312 981 6760
http://www.aacsfoundation.org

American Academy of Dermatology
(Academia Americana de Dermatología)
P. O. Box 4014.
Schaumburg, Illinois 60618-4014
Tel.: 1 847 240 1280
http://www.aad.org/

American Society of Plastic Surgeons
444 E. Algonquin Rd.
Arlington Heights, Illinois 60005
Tel.: 1 847 228 9900
http://www.plasticsurgery.org

Clínica Dermatólogica Internacional
Dr. Ricardo Ruiz Rodríguez
C/ General Díaz Porlier, 93.
28006 Madrid
Tel.: 91 444 97 97
http://www.skinlogic.es

European Academy of Dermatology
(Academia Europea de Dermatología)
Ave. Général De Gaulle, 38.
B1050 Bruselas
Tel.: 322 650 0098
http://www.eadv.org/

Organización Médica Colegial de España
Plaza de las Cortes, 11.
28014 Madrid
Tel.: 91 431 77 80
http://www.cgcom.org/

Sociedad Española de Cirugía Plástica
C/ Villanueva, 11, 3ª planta.
28001 Madrid
Tel.: 902 40 90 60
http://www.secpre.org/

Sociedad Española de Medicina Estética
Avda. General Perón, 32, 9º N.
28020 Madrid
Tel.: 902 15 90 15
http://www.seme.org/

Sociedad Española de Medicina y Cirugía Cosmética
C/ Nicaragua, 70.
08029 Barcelona
Tel.: 93 410 84 00
http://www.semcc.com/

Zel Skin and Laser Specialists
Dr. Brian Zelickson
4100 W. 50th Street.
Edina, Minnesota 55424
Tel.: 1 952 929 8888
http://www.zelskin.com/

Relación de cuadros

Índice temático